Peter K. Keller: Das kleine Buch der Lebensweisheit

Verlag Via Nova

Peter K. Keller

Das kleine Buch der Lebensweisheit

Lebenskunst im Alltag

vianova
Verlag Via Nova

1. Auflage 2009

Verlag Via Nova, Alte Landstr. 12, 36100 Petersberg

Telefon: (06 61) 6 29 73

Fax: (06 61) 96 79 560

E-Mail: info@verlag-vianova.de

Internet: www.verlag-vianova.de

      www.transpersonale.de

Umschlag: Stefan Hilden Produkt- & Grafik Design, München

Satz: Sebastian Carl, 83123 Amerang

Druck und Verarbeitung: Fuldaer Verlagsanstalt, 36037 Fulda

ISBN 978-3-86616-132-0

Inhaltsverzeichnis

Danksagung

Vielen Menschen habe ich zu danken. Letztlich betrachte ich alle Begegnungen als wertvolle Erfahrungen in meinem Leben.

Besonderen Dank schulde ich meiner Frau, die mir seit vielen Jahren unermüdlich zur Seite steht. Auch meinem Verleger und seinem Team möchte ich an dieser Stelle Dank sagen für das große Verständnis und die schöne Gestaltung und Ausstattung meiner Bücher.

Leitspruch

Deine wahre Natur ist Weisheit.
Du wirst sie wieder finden,
sobald Du Dich von allem befreit hast,
was man Dir an- und umgehängt hat.

Vorwort

Nur mit einem passenden Schüssel können wir Türen öffnen. Das gilt auch für die Pforten von Gesundheit, Glück und Erfolg.

Ein Generalschlüssel zur Erfüllung unserer Wünsche und zur Lösung unserer Probleme ist die Weisheit, welche Wissen mit Liebe verbindet.

Die Geschichten wollen Dir helfen, diesen Zauberschlüssel zu finden. Entdecke wieder die Weisheit, die seit jeher in Dir verborgen ist!

Einleitung

Das Wissen spielt heute eine überragende Rolle. Ständig erweitert es sich explosionsartig, so dass wir den Überblick vollständig verlieren.

Sicherlich kann Wissen, zur rechten Zeit verfügbar, sehr nützlich, ja manchmal sogar lebensrettend sein. Aber im Rausch des Fortschritts gerieten dabei die zum Überleben notwendigen menschlichen Werte immer mehr in Vergessenheit.

Wir erfahren täglich, dass die großen Probleme unserer Zeit mit Wissen allein nicht gelöst werden können. Das zeigt sich z. B. deutlich im Wahnsinn weltweiter Aufrüstung, in der Zerstörung unserer Umwelt, der ungleichen Verteilung der Reichtümer und in noch vielen anderen Bereichen.

Wissen hat uns ungeahnte Möglichkeiten erschlossen. Dabei wurden aber auch große Gefahren mit heraufbeschworen, die nur durch Weisheit zu bannen sind. Weisheit verbindet Wissen und Liebe und andere gute Charaktereigenschaften und handelt, alle Wesen mit einbeziehend, verantwortungsvoll.

Das Wissen allein wird oft nur kurzsichtig für egoistische Zwecke eingesetzt. Es lässt unseren Planeten allmählich erkalten. Nur durch die Liebe kann wieder ein neuer Frühling einziehen, der alles erwärmt und neu erblühen lässt.

Wenn wir das nicht einsehen und in die Tat umsetzen, vermag bald auch der Reichste und Klügste unter uns nicht mehr zu überleben, und unsere Kinder werden einen ausgebrannten und ausgeplünderten Planeten erben.

Das Wissen lässt uns bisweilen das Handeln vergessen. Weisheit führt immer auch zum Tun. Allein die Weisheit kann unsere kleinen und großen Probleme lösen und zur Heilung von Mensch und Erde beitragen.

Möge das Buch seinen bescheidenen Beitrag leisten, damit Weisheit immer mehr in unser Bewusstsein rückt und unser Leben zunehmend bestimmt.

Dreiklang von Körper, Geist und Seele

Wir fühlen uns nur dann rundherum wohl, wenn Körper, Geist und Seele einen harmonischen Dreiklang bilden.

Die moderne Wissenschaft hat heute längst nachgewiesen, dass alle drei Bereiche einander beeinflussen. Ein kranker Körper schwächt meistens auch unseren Geist. Allerdings kennen wir auch Ausnahmen, bei denen der Geist über den Körper triumphiert. Negative Gedanken verursachen im Körper mit der Zeit Krankheiten. Eine verletzte Seele offenbart sich ebenso in körperlichen Leiden.

Nur wenn wir jeden Ton unseres Dreiklangs pflegen, können wir auf Dauer gesund und glücklich sein.

Die Geschichten wollen Dir Anregungen geben, die aus jahrzehntelanger Erfahrung hervorgehen.

Obwohl die Übergänge fließend sind und alles ineinander greift, habe ich die Geschichten zur besseren Übersicht auf drei Kapitel verteilt, damit Du schnelleren Zugang zu einzelnen Fragen hast.

Wenn wir täglich aus jedem Kapitel eine Geschichte herausgreifen und ihre Essenz leben, steht uns mit der Zeit ein Instrument mit den drei Saiten Körper, Geist und Seele zur Verfügung. Auf diesem Instrument können wir dann unsere eigenen Melodien spielen, und unser gesamtes Leben wird so schließlich zu einer wundervollen Komposition.

A. Körper

Unser Körper ist das Boot,
das uns über den Ozean des Lebens trägt.
Deshalb sollten wir ihn pflegen.

Einfache Übungen für mehr *Energie*

Unsere Energie ist ausschlaggebend für alle unsere Tätigkeiten. Letztlich hängen Glück, Gesundheit und Erfolg von ihr ab. Was für die Glühbirne die Wattzahl, das ist für uns die Energie. Eine 100-Watt-Birne lässt einen Raum erstrahlen, während eine Birne mit nur 15 Watt uns im Dunkeln tappen lässt.

Es gibt heute eine unübersehbare Fülle von Angeboten, die unsere Energien stärken können, wie Yoga, Tai Chi, Qi Gong und vieles mehr. Das sind alles sehr gute, altbewährte Methoden. Immer mehr Menschen beginnen das eine oder andere. Viele geben aber nach einer gewissen Zeit wieder auf oder unterbrechen das Training und vergessen dann mit der Zeit die einzelnen Übungsschritte. Anderen fällt es schwer, exakt aus einem Buch zu lernen. Für wieder andere ist es zu aufwändig, Kurse zu besuchen.

So nehmen sich also die meisten von uns nicht die Zeit, um diese Disziplinen systematisch und ausdauernd zu praktizieren. In der Not wird so manches begonnen, doch wenn es uns wieder gut geht, lässt unser anfänglicher Eifer schnell nach. Sicher hast Du selbst schon ähnliche Erfahrungen gemacht.

Ich möchte Dir im Folgenden zeigen, wie Du auf einfache und doch wirkungsvolle Weise Energieübungen selbstständig und ohne große Anleitungen ausführen kannst. Es gibt dabei nur wenige Punkte zu beachten: Alle Deine Gelenke sollten immer locker sein. Durch steife Gelenke kann keine Energie fließen. Arme und Beine sollten deshalb nie ganz durchgestreckt, sondern immer etwas gerundet sein. Also leicht in die Knie gehen und die Ellbogen etwas anwinkeln.

Führe alle Deine Bewegungen bewusst langsam aus und lasse sie vom Atem tragen. So beginnt Deine Energie zu fließen, und Du wirst immer bewusster. Schnelle, atemlose Bewegungen kosten Dich Energie und bereiten Dir eher Stress. Und schließlich sollten Deine Bewegungen in alle Richtungen führen: nach oben und unten, nach vorne und hinten sowie nach beiden Seiten.

Welche Bewegungskompositionen Du unter diesen Bedingungen durchführst, bleibt ganz Dir selbst überlassen. Deine Fantasie und Spielfreude bringen sie hervor. So musst Du nicht ständig daran denken, ob Du alles richtig machst.

Die meisten Übungen des Yoga, des Tai Chi oder Qi Gong entstanden zunächst auch aus reiner Freude an der Bewegung in freier Natur. Manche wurden durch Beobachtung von Tieren und Pflanzen gefunden und erhielten dann deren Namen.

Es geht darum, unsere Kanäle für die uns umgebende Energie zu öffnen. Also genieße Dein eigenes Bewegungsspiel und begib Dich

ohne großes Nachdenken hinein, so wie Du ins Wasser springst und darin voller Begeisterung „herumpaddelst". Du kontrollierst nur, dass Deine Gelenke locker bleiben und miteinander koordinieren.

Lasse immer wieder Dein Bewusstsein zu Deiner Atmung zurückkehren. Du wirst wahrscheinlich automatisch einatmen, wenn Du Deine Arme ausstreckst. Die Weite lässt den Atem einströmen. Das Atemholen lässt auch die Bewegung kurz innehalten. Beim Ausatmen holst Du die Arme wieder zurück an den Körper. In der folgenden Atempause ruhen die Arme.

Lass die Atembewegungen immer langsamer und ruhiger werden. Je langsamer alles abläuft, umso mehr Energie strömt durch Dich und lädt Dich auf. Die hinaus- und hereingreifenden Bewegungen wirken wie eine Atem- und Energiepumpe, die Dir zunehmend Kraft gibt.

Später kannst Du auch Beinbewegungen dazunehmen. Richte sie ebenfalls nach vorne, nach hinten und zur Seite aus. Arme und Beine weiten und öffnen unseren Körper, so dass immer mehr Energie hindurchfließen kann. Das regt wichtige Körperfunktionen an und leitet Gifte aus.

Du kannst nichts falsch machen, wenn Du die wenigen Punkte, die ich erwähnte, beachtest. Spannung und Entspannung folgen stets aufeinander. Auf jede Bewegung folgt eine Ruhephase. Du entdeckst immer mehr Atemmöglichkeiten. Schließlich atmest Du mit Deinem ganzen Körper, auch mit den Händen, Füßen und

dem Scheitel. Alle Bewegungen sind leicht und spielerisch ohne Anstrengung auszuführen.

Mit der Zeit wird Dir Deine Bewegungsmeditation immer mehr Spaß machen. Du spürst Dich im Zentrum eines großen Energiemeeres und öffnest Dich allseitig, so dass es durch Dich hindurchströmt und Dich erfüllt. Die besten Wirkungen haben solche Übungen natürlich an der frischen Luft.

Unter Berücksichtigung weniger Grundsätze kannst Du Dir Dein eigenes Energieprogramm zusammenstellen.

***Ich beginne heute mit meinem eigenen Energieprogramm.**

Autoimmun-Erkrankungen

Solange unser Immunsystem richtig funktioniert, greift es mit seinen „Soldaten", z. B. mit den sogenannten Fresszellen, nur schädliche Eindringlinge an und vernichtet sie. Bei den Autoimmun-Erkrankungen aber greift es eigenes gesundes Gewebe an. Dabei können alle Organe befallen werden. Bis heute gibt es noch keine Medikamente, welche diese Krankheit heilen können. Die „Antikörper" können lediglich gebremst und in Schach gehalten werden.

Wir sollten uns alle Gedanken darüber machen, warum manche Menschen gerade in der heutigen Zeit von dieser Erkrankung befallen werden. Krankheiten weisen stets auf bestimmte Missstände hin. Die Pest z. B. konnte nur deshalb grassieren, weil damals schlechte hygienische Zustände herrschten.

Seit Jahrzehnten betrachten die führenden Experten auf dem Sektor der ganzheitlichen Heilung viele Krankheiten als „Notschreie der Seele". Nachdem wir die Seele im 20. Jahrhundert grob vernachlässigt haben, blieb ihr nichts anderes übrig, als sich durch massive Krankheiten Gehör zu verschaffen. Sie will uns so zum Nachdenken und Umkehren anregen.

Was wollen uns diese „merkwürdigen" Autoimmun-Erkrankungen, bei denen wir uns selbst angreifen und verletzen, sagen? Vielleicht will uns die Seele klarmachen, dass wir uns auch immer selbst verletzen, wenn wir andere verletzen. Christus sagte uns: „Was ihr tut einem meiner geringsten Brüder, das habt ihr mir getan."

Im Zeitalter des Materialismus haben wir diese Zusammenhänge aus den Augen verloren. Wir haben das uralte Wissen, dass wir das ernten, was wir gesät haben, vergessen. Und nun schickt uns die Seele Botschaften, um uns an diese Grundwahrheit zu erinnern. Christus hat die Priorität der Seele klar beschrieben, als er sagte: „Was nütze es dem Menschen, wenn er die ganze Welt gewönne, aber Schaden nähme an seiner Seele?" Unsere moderne technische Welt ist auf Konkurrenz aufgebaut. Wir müssen heute aber wieder den Weg zur Kooperation finden.

Ich glaube, wenn wir diesen Weg beschreiten, dann werden mit der Zeit auch die Autoimmun-Erkrankungen zurückgehen, weil wir begriffen haben, dass wir letztlich immer uns selbst schaden, wenn wir andere verletzen.

Krankheiten können Chancen zur Heilung werden, wenn wir bereit sind, ehrlich mit uns ins Gericht zu gehen.
Sie sind keine bloßen Zufälle, sondern fallen uns ursächlich zu.

*****Ich werde bei Entscheidungen meine Seele zu Rate ziehen.**

Vernachlässigte *Füße*

Vergleichen wir einmal unsere Füße mit denen der Naturvölker, dann schneiden wir dabei schlecht ab. Wir verfügen längst nicht mehr über die kräftigen, gesunden Füße der „Primitiven".

Zwar wissen wir, dass die Füße unser Fundament sind. Wir lasen auch schon über Fußreflexzonen. Aber das ist alles oft nur Theorie und wird meist nicht in die Praxis umgesetzt.

Viele von uns haben Senk-, Spreiz- oder Plattfüße, die bei jedem Schritt schmerzen. Die Zehen lassen sich nur schwer oder gar nicht mehr bewegen. Wir haben einfach unsere Füße „aus den Augen verloren". Meist sind sie dazu noch in unpassendes Schuhwerk eingesperrt. Unser gesamtes Bewusstsein ist nach oben in den Kopf gerutscht. Den unteren Pol der Füße haben wir vernachlässigt.

Unsere Sprache macht uns immer wieder auf die Bedeutung der Füße aufmerksam, wenn sie uns mahnt, etwas durchzustehen, zu bestehen oder standzuhalten. Das ist aber nur möglich durch Fußbewusstheit und gesunde Füße.

Die Füße und das Becken gehören zu unserem Wurzelraum. So wie ein Baum bei Stürmen nur bestehen kann, wenn er starke Wurzeln hat, so können auch wir unsere Schwierigkeiten nur mit kräftigen Füßen durch- oder bestehen. Unsere Füße sind auch unser Ursprung. Wir haben uns nicht nur körperlich, sondern auch in unserem Denken und Fühlen oft weit von diesem Ursprung entfernt. Es ist kein Wunder, wenn wir deshalb manchmal den Boden unter den Füßen verlieren.

Auch ich habe lange Zeit meine Füße vernachlässigt und musste sie erst wieder neu entdecken. Nun pflege ich sie mit Bädern, Massagen und Barfußlaufen. Mit Freude stellte ich fest, dass meine Füße dadurch wieder eine gesunde Wölbung bekamen und nicht mehr schmerzten. Ich achte nun auch auf ein bequemes Schuhwerk, in dem meine Füße genügend Platz haben und sich bewegen können. Abends bedanke ich mich bei ihnen, dass sie mich den ganzen Tag über so bereitwillig trugen. Ich weiß und spüre, dass sie sich über die Anerkennung freuen und weiterhin bereit sind, mich zu tragen. Gepflegte und gesunde Füße wirken sich auf unser gesamtes körperliches Befinden aus.

Spüre alles nach und widme Deinen Füßen die verdiente Aufmerksamkeit. So wirst Du Dein Leben besser bestehen, wirst Schwierigkeiten durchstehen können. Du findest wieder den Weg zu Deinem Ursprung und kannst Dich von dort allseitig ausrichten.

Während uns der Kopf mit der Kraft des Himmels verbindet, verbinden uns die Füße mit der Erdkraft. Zwischen diesen beiden

Polen fließt starke Energie, die uns jederzeit zur Verfügung steht. Graf Dürckheim schrieb: „Nur dem geht der Himmel auf, dem die Erde fest geworden ist." Ein sicheres Fundament ist eben die Voraussetzung für jeden Aufbau.

Viele vernachlässigen ihre Füße.
Die Füße sind für unser gesamtes Befinden von fundamentaler Bedeutung.

****Ich pflege meine Füße, um mein Leben „bestehen" zu können.*

Betende *Hände*

Es gibt verschiedene Gebetsstellungen der Hände. Jeder bevorzugt seine eigene. Wenn wir unsere Hände zum Gebet falten, sind wir uns aber meistens nicht bewusst, was diese dabei bewirken.

Unter äußeren Aktivitäten entgehen uns die inneren Vorgänge. Wenn wir uns einmal in die Stille begeben und schweigen und dabei die Hände falten, dann können wir hinsichtlich unserer Energie interessante Entdeckungen machen.

Die Hände schließen einen Energiekreislauf. Wir verbinden so die gesamte linke und rechte Körper- und Kopfhälfte. In den beiden Körperhälften befinden sich verschiedene Organe. Der linke und rechte Lungenflügel unterscheiden sich in der Größe. Links befinden sich die Milz und die Bauchspeicheldrüse. Auf der rechten Seite liegt die Leber. Durch unsere Handstellung verbinden wir diese Organe zu einer harmonischen Einheit.

Auch unsere beiden Gehirnhälften, die oft recht einseitig arbeiten, werden zusammengeschaltet. Wir denken dann nicht nur analytisch, sondern können auch alles synthetisch betrachten und erkennen sowohl die Teile als auch das Ganze.

Die Betstellung unserer Hände ermöglicht einen großen seitlichen Kreislauf, der auch Füße und Beine, Ohren und Augen einschließt. Dieser Kreislauf ergänzt den senkrechten, der am Beckenboden beginnt und über die Wirbelsäule, den Kopf und die Brust wieder zum Ausgangspunkt zurückführt. Beide Kreisläufe schließen alle wichtigen Punkte ein und versorgen sie mit Energie. Die Menschen, welche diese Gebetsstellungen fanden, wussten noch um die energetischen Zusammenhänge. Bei uns erstarrte das meiste zu leeren Formen.

Erspüre durch eigenes Experimentieren die Zusammenhänge, und Du entdeckst Energiepunkte und -leitungen, die Du bisher nicht bemerktest. Du kannst sie nach Belieben einschalten und zusammenschalten und für Deine Arbeit nutzen. Auf diese Weise werden Deine „Gebete" erhört werden, denn alle diese Energieleitungen verbinden Dich mit dem Umfassenden, mit Gott oder wie Du es nennen willst.

Verschiedene Gebetsstellungen der Hände ermöglichen einen Energiekreislauf, der Körper und Geist belebt.
Wenn wir in der Stille beten, können wir mit der Zeit diese Zusammenhänge spüren.

****Ich mache meine eigenen Erfahrungen mit Gebetsstellungen.*

Gas und Bremse für unsere *Lebensfahrt*

Wir haben zwei Nervensysteme mit verschiedenen Aufgabenbereichen. Das sympathische Nervensystem ist für die Aktivierung unserer Kräfte zuständig, das parasympathische Nervensystem hingegen für Ruhe und Erholung. Das erste können wir mit dem Gasgeben beim Autofahren vergleichen, das zweite mit dem Bremsen.

Beide Funktionen sind für bestimmte Situationen notwendig. Wenn wir schnell an unser Ziel gelangen wollen oder in gefährlichen Augenblicken ausweichen müssen, geben wir Gas. Um einen Unfall zu vermeiden, bremsen wir zuweilen. Je nach der Situation wählen wir entweder das eine oder das andere.

Auch in unserem Berufs- und Privatleben kommt es darauf an, im rechten Moment das sympathische oder parasympathische Nervensystem einzuschalten, also Gas zu geben oder zu bremsen. Manchmal gelingt uns das Umschalten vom einen zum anderen nicht. Das kostet uns dann viel Energie.

Jeder von uns hat sicher schon Zeiten erlebt, in denen er so aufgedreht, ja überdreht war, dass er nicht mehr abschalten konnte.

Zuweilen liegen wir im Bett und wollen schlafen, finden aber keine Ruhe. Wir wälzen uns von einer Seite auf die andere, aber wir werden immer wacher und schlafen nicht ein, obwohl wir todmüde sind. Zu anderen Zeiten kommen wir nicht in die Gänge, sondern fahren mit angezogener Handbremse. In beiden Fällen können wir nicht ab- oder umschalten. Doch genau wie beim Autofahren können wir auch das Schalten in unserem Nervensystem lernen.

Das aktivierende sympathische Nervensystem hat seinen Sitz mehr im oberen Bereich unseres Körpers. Das beruhigende parasympathische Nervensystem liegt mehr im unteren Körperbereich.

Wie sollen wir nun an diese Bereiche herankommen? Wir können dazu unsere Vorstellung und unseren Atem einsetzen. Richten wir diese beiden auf Kopf und Herz, so aktivieren wir unsere Energien. Schalten wir jedoch unseren Atem und unsere Vorstellung auf Bauch, Beine und Füße um, so erleben wir allmählich Passivität und Ruhe. Bei den Tätigkeiten des Tages fahren wir mit unserem „Fahrstuhl" nach oben. Wollen wir Ruhe und Muße finden, so lassen wir unseren Lift nach unten gleiten. Wie bei einem Aufzug spüren auch wir stets einen Gegenzug. Wir verlieren also den anderen Pol nie ganz aus den Augen. Aber je nach Energie- oder Ruhebedürfnis verlagern wir den Schwerpunkt einmal mehr nach oben und einmal mehr nach unten.

Wir können Atem und Vorstellung unterstützen, indem wir die Körperregionen mit den Händen greifen. So wird tatsächlich alles „begriffen". Greifen wir in die Höhe, so aktivieren wir unsere

Energie, greifen wir in die Tiefe, so beruhigen wir uns. Am wirkungsvollsten ist es, wenn wir alles gleichzeitig anwenden: Atem, Vorstellung und Hände. Da jeder von uns verschieden ist, betont der eine mehr den Atem, der andere legt mehr Gewicht auf die Vorstellung, der nächste bevorzugt die Arbeit mit den Händen. Also probiere alles aus, und vielleicht kommst Du für Dich nach diesen Hinweisen zu ganz eigenen Erfahrungen.

Wir besitzen ein Nervensystem für Ruhe und eines für Aktivität. Damit können wir dem Rhythmus des Lebens gerecht werden. Im unteren Teil des Körpers schalten wir auf Ruhe, im oberen Teil auf Aktivität.

***Ich übe heute ganz bewusst das Umschalten.

Singen – eine wundervolle Medizin

Singen ist wie das Atmen eine Urfunktion des Menschen, die den gesamten psycho-physischen Motor anwerfen kann.

Dadurch, dass heute immer weniger gesungen wird, vernachlässigen wir unsere Stimme. Für unser gesamtes Wohlbefinden können wir aber nichts Besseres tun als selbst zu singen. Wir stärken dadurch Körper, Geist und Seele und bringen diese drei in Harmonie.

Ich möchte Dir ein Bild skizzieren, in das Du Dich hineinbegeben kannst. Es stellt auch gleichzeitig ein Lebens- und Energiebild für den Alltag dar. Dieses Bild löst alle Stimmfunktionen automatisch optimal aus. Du findest den Weg aus der Enge in die Weite, von der Angst zur Liebe.

Zeichne einmal beim Singen gedanklich einen horizontalen Kreis um Deine Füße. Dieser Kreis senkt Dein Zwerchfell, das die oberen Organe Lunge und Herz von den unteren Organen Leber, Magen und Milz trennt. Dabei werden automatisch die unteren Organe kräftig massiert, während die beiden oberen die entstehende Ausdehnung genießen.

Den zweiten, den seitlichen Kreis zeichnest Du mit beiden Armen von Kopf bis Fuß. Durch ihn wird unser Körper in dieser Dimension geweitet. Die Arme greifen hinaus, unsere Flanken werden „aufgestellt". Du empfindest nun, was Eichendorff so schön ausdrückte: „Und meine Seele spannte weit ihre Flügel aus…"

Den dritten vertikalen Kreis umfährst Du von hinten nach vorne über den Kopf. Er erweitert Rücken und Brust.

Alle drei Kreise dehnen Dich allseitig. Du stehst im Zentrum eines sich ständig expandierenden Universums. In diesem Universum kannst Du Deine Sprache unterbringen. Gehe spielerisch damit um und habe Spaß daran. Deine Stimme und Dein gesamtes Lebensgefühl werden sich enorm ausdehnen. Allmählich wird das Bild für Dich auch zu einem Lebens- und Energiebild, in das Du immer „einsteigen" kannst.

Ich habe mich mit diesem Bild schon von manchen Krankheiten selbst heilen können. Es schenkt uns unbegrenzte Energie, da es uns ans Unendliche anschließt. Am Anfang kommt Dir vielleicht das weite universale „Gewand" merkwürdig vor. Aber mit der Zeit wächst Du in diese Dimensionen hinein und atmest auf. Schließlich verstehst Du eines Tages das Wort des Dichters Toledo: „Das Universum ist meine Heimat."

Singen tut Körper, Geist und Seele gut.
Mit dem rechten Gebrauch können wir unsere gesamte Persön-
lichkeit entfalten.

***Ich entfalte mich durch rechten Umgang
mit meiner Stimme.

Unsere *Sinne* als Energielieferanten

Wir sind dafür verantwortlich, wie wir unsere Sinne einsetzen. Richten wir sie ausschließlich auf die Außenwelt, dann entfremden wir uns von uns selbst und laufen Gefahr, uns zu verlieren. Pflegen wir jedoch auch die Verbindung zu unserer Innenwelt, dann können sie uns als wertvolle Energielieferanten dienen. Es geht um den Brückenschlag zwischen der Außenwelt, die uns Informationen vermittelt, und der Innenwelt, in der Transformation geschehen kann.

Beginnen wir mit den Augen. Mit ihnen nehmen wir Farben und Formen wahr. Beides sind Energien, die stärken und heilen können. Die wohltuende Kraft der Farben ist seit jeher bekannt und wurde in unserer Zeit wieder neu entdeckt. Farbtherapie und Aura-Soma bedienen sich ihrer. Wie wohl tut uns allen das frische Grün der Wiesen, das feurige Rot einer Rose und das Blau des Himmels. Unsere Augen trinken durstig die herrlichen Farben, und unsere Seele badet darin. Viele von uns haben ihre Lieblingsfarbe. Verschiedene Farben lösen immer wieder unterschiedliche Stimmungen und Verhaltensweisen aus. Rot feuert an, Blau beruhigt, Grün stärkt uns. Die Farbenpracht im Frühling und Sommer begeistert uns jedes Jahr aufs Neue.

Die Natur bietet uns auch unendlich viele Formen an, die uns ebenfalls mit Energie erfüllen können, wenn wir dafür offen sind. Auch wunderschöne Bauwerke, wie z. B. Kirchen und Schlösser, begeistern uns mit ihren Farben und Formen, richten uns auf und erweitern uns. Und was löst nicht alles der Anblick eines geliebten Menschen aus! Unser ganzes Wesen wird von Energie durchpulst.

Unsere Ohren haben eine noch tiefere Verbindung zum Unter-bewusstsein als die Augen. Manche Worte und Musikstücke, die wir vor Jahrzehnten hörten, werden immer wieder lebendig. Sie können heilen oder krank machen.

Auch der Geruchssinn kann uns mit neuer Energie erfüllen. Welche Kraft zieht mit dem Duft einer Blume in uns ein! Gerne verwenden wir für allerlei Gelegenheiten wohlriechende Öle. Deutlich erinnern wir uns noch an die Düfte aus unserer Jugend. Düfte stellen eine rasch verfügbare Kraft dar, der wir uns immer bedienen können.

Für viele von uns ist der Geschmackssinn eine starke Energiequelle. Er lädt nicht nur unseren Körper, sondern auch die Seele auf. Der Volksmund sagt treffend: „Essen hält Leib und Seele zusammen." Welchen Energiestrom kann der Biss in einen Apfel oder das Essen einer saftigen Orange auslösen! Allerdings sollten wir langsam und bewusst essen, sonst nehmen wir nur einen geringen Teil dieser Energie auf.

Kommen wir schließlich zu unserem Tastsinn. Jede Berührung kann uns Energie schenken. Das Kind, das zärtlich von der Mutter

gestreichelt wird, ist rundum glücklich. Wie selig machen uns die Berührungen des Geliebten oder der Geliebten. Verliebte werden kaum krank. Sie sind so glücklich, so voller Energie, dass sie alle Krankheitserreger abwehren.

Wenn wir unsere Sinne bewusst als Energiequellen einsetzen, dann verfügen wir über ein machtvolles Instrumentarium, um uns jederzeit wieder aufzuladen. Das Betrachten eines schönen Bildes, das Anhören guter Musik, das Einatmen von Düften und das Berühren geliebter Menschen kann in unserem Energiehaushalt eine bedeutende Rolle spielen. Genießen wir alles!

Wir entscheiden selbst, ob wir uns von unseren Sinnen verführen lassen oder ob wir sie führen.
Wenn wir den Brückenschlag zwischen Innen und Außen beherrschen, dann können alle fünf Sinne zu wertvollen Energiequellen werden.

***Heute setze ich meine Sinne als Energiequellen ein.**

Zieh den *Zahn*!

Ein kranker Zahn kann unter Umständen schwere Krankheiten auslösen, ja sogar den Tod zur Folge haben. Kleinste Ursachen haben oft die größten Wirkungen. Wenn der Zahn eine Gefahr für unsere Gesundheit darstellt, müssen wir ihn entfernen.

Es gibt aber neben unseren Zähnen auch andere gefährliche Krankheitsherde, die Körper, Geist und Seele entkräften. So mancher „steile Zahn" z. B. hat uns Männern in unserem Leben schon viel Herzeleid bereitet. Natürlich haben auch wir Männer den Frauen ähnlichen Schmerz zugefügt. Liebeskummer kann unseren gesamten Organismus lähmen.

Aber nicht nur Menschen können unsere Gesundheit untergraben. Auch Misserfolge im beruflichen Leben fügen uns bisweilen ungeheuren Schaden zu. Haben wir alles auf „ein Pferd gesetzt" und unser Vorhaben misslingt, so fühlen wir uns manchmal am Ende und geben auf. Doch ebenso wie wir uns von einem Zahnschmerz befreien können, so können wir uns von allem lösen, was unser Leben vergiftet, sei es Liebeskummer oder Misserfolg.

All diesen Problemen stehen wir keinesfalls ohnmächtig gegenüber. Jederzeit können wir uns dafür entscheiden, den „krankmachenden Zahn" zu ziehen und uns zu befreien. Zunächst geht es um eine entschlossene Entscheidung und dann um eine klare Trennung. Heraus mit der Wurzel, und der Schmerz ist endgültig vorbei!

Natürlich dürfen wir die alte Sache nicht immer wieder „aufwärmen", wie wir es oft und gerne tun. Wir dürfen nicht ständig über die Gedanken- und Gefühlsbrücke in die Vergangenheit zurücklaufen. Wenn uns das gelingt, und das erfordert konsequente Anstrengungen, dann merken wir bald, dass sich unsere Leere wieder füllt, dass etwas ganz Neues daraus erwächst. Und nach Jahren stellen wir fest, dass die neue „Ersatzfüllung" uns viel mehr bedeutet als der „alte Zahn".

Wie viele Ehepartner scheuen sich vor einer Trennung, obwohl immer wieder alles schief geht. Manche meinen, danach nicht weiterleben zu können. Jahre später verstehen sie dann nicht mehr, dass sie sich nicht schon früher getrennt haben. Sie haben keinen Verlust erlitten, sondern einen großen Gewinn erzielt. Ebenso fällt manchen ein Berufswechsel unendlich schwer, und hinterher stellt er sich als Lösung heraus. Es gibt ein Wort aus dem I-Ging, das heißt: „Der scheinbar unersetzliche Verlust erweist sich am Ende oft als heilende Kraft."

Aus meinem eigenen Leben kenne ich sehr gut die Schwierigkeit, die eine notwendige „Zahnextraktion" mit sich bringt. Ich kenne das Problem mit dem Loslassen. Mir brach jedes Mal buchstäblich

das Herz. Heute kann ich im Rückblick nur sagen: Gott sei Dank wurde mir immer wieder der Zahn gezogen. Ich habe stets überlebt und etwas Neues und Besseres bekommen.

Wenn also Dein Leben durch Krankmachendes gefährdet ist, wenn Dich etwas vergiftet, so entferne es!
Wir sollten uns entschlossen von allem trennen, was uns vergiftet und auf Dauer unser Leben zerstört.

*** **Entschlossen ziehe ich meine „kranken Zähne".**

43

B. *Geist*

Unser Geist ist der Kapitän,
der die Route bestimmt.
Er sollte stets wachsam sein.

Pack es an!

Oft scheuen wir den ersten Schritt. Aber auch die längste Reise beginnt mit eben diesem ersten Schritt. Wir planen und träumen, aber wir legen nicht Hand an. Dabei kann uns nach reiflicher Überlegung nur beharrliches Handeln vorwärts bringen.

Wenn wir endlich zu handeln beginnen, dann entdecken wir ständig neue Möglichkeiten, kommen zu neuen Erkenntnissen und machen neue Bekanntschaften. Während wir so weitergehen, finden wir unseren Weg.

Ein Bild möge uns das veranschaulichen. Wir formen einen kleinen Schneeball. Er ist kaum der Beachtung wert. Bringen wir ihn aber auf einem Schneehang ins Rollen, dann wächst er mit jeder Umdrehung. Unter bestimmten Schneeverhältnissen donnert er schließlich als machtvolle Lawine zu Tal. Aus dem kleinen Schneeball wird eine ungeheure Kraft, die ganze Wälder abholzen, ganze Orte unter sich begraben kann.

Wie unendlich viele Werke von Forschern, Wissenschaftlern und Künstlern haben als etwas Unscheinbares, von allen Unbeachtetes, ja Verlachtes, begonnen. Aber nach Jahrzehnten, manchmal

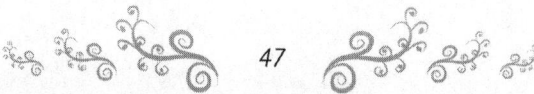

auch erst nach Jahrhunderten veränderten ihre Erkenntnisse und Erfindungen die Welt.

Denken wir einmal daran, wie schwer uns am Anfang das Lesen fiel. Und heute, als Erwachsene, können wir ganze Bibliotheken durchstreifen und ihre Schätze heben. Aller Anfang ist schwer, sagt man. Wie mühsam haben wir als Kleinkinder das Laufen lernen müssen. Nach jedem Schritt fielen wir um und krabbelten dann auf allen Vieren, bis wir uns erneut aufrichteten und wieder fielen. Unzählige Male! So viele Fehlschläge würden wir heute als Erwachsene wohl kaum mehr einstecken. Jahre später wurden wir vielleicht Champions im Laufen, die nichts mehr umwarf.

Denke auch an die vielen anderen bescheidenen Anfänge in Deinem Leben. Wie schwer fiel Dir anfangs das Radfahren, das Skifahren oder Autofahren. Wer zu früh aufgibt, der kommt nie vorwärts. Natürlich müssen Ort und Zeit für Dein Handeln stimmen. Ein Schneeball auf einer Sommerwiese kann schwerlich eine Lawine auslösen. Alles muss durchdacht und geplant werden. Aber dann lege los! Deine Sache kommt ins Rollen, und Du erreichst eines Tages Dein Ziel.

Viele von uns kommen vor lauter Studieren und Nachdenken nicht zum Handeln.
Natürlich unterlaufen uns beim Handeln auch Fehler.
Bei allen Schwierigkeiten dürfen wir jedoch nie ins Grübeln verfallen, sondern müssen mutig und besonnen handeln.

*** **Ich handle heute besonnen.**

Akzeptieren

Akzeptieren ist eines jener Zauberworte, das uns vor Unglück bewahren und zum Glück führen kann. Solange wir etwas zum Guten hin verändern können, sollten wir keinesfalls aus Faulheit oder Nachlässigkeit klein beigeben. Das würde nur allen Beteiligten Schaden zufügen. Ist aber eine Änderung aussichtslos, so sollten wir zunächst einmal die Situation akzeptieren, sonst rennen wir mit dem Kopf gegen die Wand. Die Wand wird dadurch wohl kaum beeindruckt werden, unser Kopf hingegen wird empfindlichen Schaden erleiden.

Akzeptieren wir eine Situation nicht, so fixieren wir uns dermaßen auf eine starre, unveränderliche Mauer, dass uns jeder Ausweg, der sich abseits unseres eingeschränkten Blickfeldes anbietet, übersehen.

Es gibt immer Lösungsmöglichkeiten. Plötzlich entdecken wir da oder dort eine Tür, ein Fenster, oder wir sehen eine Leiter, mit der wir über die Mauer klettern können. Wir hören immer wieder, wie Gefangene aus einem „ausbruchssicheren" Kerker entfliehen. Sie sind eben nicht gegen die Gefängnismauern gerannt, sondern haben einen Ausgang geschaffen.

Wie lange bin ich in meinem Leben vergeblich gegen Wände gelaufen und habe dabei viel Zeit und Energie verloren! Ich hätte mich nur ein wenig umsehen müssen, dann hätte ich Türen entdeckt, durch die ich in die Freiheit gelangt wäre.

Erst das Akzeptieren einer ausweglosen Situation lässt uns Lösungsmöglichkeiten erkennen. Ohne diesen ersten Schritt des Akzeptierens kommen wir nicht weiter, sondern verrennen uns nur immer mehr.

Du hast bestimmt schon Vögel beobachtet, die zum Fenster oder zur Türe ins Zimmer hereinflogen und dann hilflos umherflatterten, gegen die Wand stießen, bis sie endlich nach langer Zeit wieder den Ausgang fanden. Ähnlich hilflos verhalten auch wir uns oft. Legen wir hingegen unsere sinnlosen Bemühungen beiseite und bewahren Ruhe, so zeigen sich uns bald Möglichkeiten, unserem selbstgebauten Gefängnis wieder zu entkommen.

Das Akzeptieren ist der erste Schritt in die Freiheit.
Es erspart uns Energie und ermöglicht ungeahnte Lösungen.

*****Ich werde meine Kraft einsetzen, um Lösungen zu finden.**

Was Du *aufnimmst*, das wirst Du

Seit dem Altertum weiß man: „Der Mensch ist, was er isst." Auch uns ist mehr oder weniger bewusst, dass das Essen und Trinken einen großen Einfluss auf uns hat.

Aber nicht nur unser Körper braucht die richtige Nahrung, auch Geist und Seele hungern danach. Die meisten Krankheiten in unserer Zeit haben ihre Ursache in einer Unterernährung von Geist und Seele. Viele Bücher beschäftigen sich mit diesem Thema. Ein bekannter Buchtitel lautet „Krankheit als Sprache der Seele".

Mit unseren Sinnen nehmen wir ständig Eindrücke auf, die unserer Gesundheit entweder gut tun oder ihr schaden, je nach Qualität dieser „Nahrungsmittel". Die Medien haben sich auf die Vermittlung negativer Nachrichten spezialisiert. Diese verursachen aber meist Stress, auch wenn wir meinen, uns dabei zu erholen. Doch wir sitzen alle so fest im Sensationskarussell, dass wir gar nicht mehr wahrnehmen, wie wir verschaukelt werden.

Wenn wir fit und gesund bleiben wollen, so sollten wir nicht nur unsere körperlichen Lebensmittel sorgfältig auswählen, sondern

auch unsere geistig-seelischen Nahrungsmittel, die wir über unsere Sinne aufnehmen.

Es ist für unsere Gesundheit von geradezu ausschlaggebender Bedeutung, welche Fernsehsendungen wir ansehen, welche Bücher und Zeitschriften wir lesen, welche Gespräche wir führen, wem wir zuhören etc. Unsere Gedanken und Gefühle und auch unsere Handlungen entspringen weitgehend diesen Sinneseindrücken.

Wir werden schließlich zu dem, was wir wahrnehmen, was wir aufnehmen. All diese Eindrücke bilden unseren Charakter, und dieser wiederum formt unser Schicksal. Was wir immer wieder denken und fühlen und was in unsere Handlungen einfließt, materialisiert sich eines Tages. So können wir auch sagen: „Du wirst, was Du denkst und fühlst." Manchmal dauert es Jahre oder sogar Jahrzehnte, bis sich die Folgen zeigen. Die Ernte entspricht aber in jedem Falle immer der Saat.

Wenn wir Menschen verschiedener Berufsgruppen betrachten, verrät uns oft schon das Äußere, womit sie sich ihr Leben lang beschäftigten. Eines Tages zeigt sich eben doch deutlich, was ein Mensch ständig denkt, fühlt und tut.

Die psychosomatische Medizin unserer Zeit hat nachgewiesen, dass unser fehlgeleitetes Denken und Fühlen viele Krankheiten auslösen kann. Es gibt überall so manches, das uns schaden kann. Willst Du also gesund bleiben, so achte auf alles, was Du aufnimmst, und wähle kritisch aus.

Uns ist meist nicht bewusst, dass unsere Sinneseindrücke das Leben entscheidend prägen.
Wir sollten deshalb auch hier bewusst auswählen.

***Ich wähle heute meine Sinneseindrücke
sorgfältig aus.**

Befreiung aus der Kopfspirale

Du kennst bestimmt das Gefühl, dass sich Ärger und Enttäuschungen in Deinem Kopf wie eine Spirale drehen. Du fürchtest, verrückt zu werden und nie mehr „aussteigen" zu können. Verzweifelt suchst Du nach einer Lösung.

Mir hat in einer solchen Situation schon oft ein Wort oder eine Affirmation geholfen. Es waren Worte, die ich in guten Zeiten öfters aufschrieb und immer wiederholte. Wie hilfreiche Geister erschienen sie mir dann in der Not. Es ist wie das Einzahlen von geistigen Schätzen, auf die wir im Notfall zurückgreifen können. Falls Dir solche Mittel nicht zur Verfügung stehen oder bei Dir nicht wirken, möchte ich Dir etwas anderes an die Hand geben.

In zivilisierten Ländern sind die meisten Menschen zu sehr „verkopft". Uns aber stehen drei Energiebereiche zur Verfügung, nämlich der obere (Kopf), der mittlere (Brust, Herz, Hände) und der untere Bereich (Bauch, Beine, Füße).

Wenn es in unserem Kopf rotiert und kocht, können wir auf ein tiefer gelegenes Energiefeld umschalten. Wir betreten damit einen neuen Raum. Indem wir mit unseren Händen tätig werden, ver-

lassen wir den Kopf und öffnen dadurch Brust und Herz. Kinder reagieren automatisch so. Wenn sie mit ihrem Denken nicht weiterkommen, fangen sie plötzlich an zu spielen. Ob Du mit Deinen Händen eine handwerkliche oder künstlerische Tätigkeit wählst, liegt ganz in Deinem Ermessen.

Du kannst aber auch auf den unteren Bereich umschalten. Einige von uns versuchen, ihren Frust durch „Fressen" zu beheben, und füllen genüsslich ihren Bauch. Das mag zuweilen hilfreich sein und ein Um- und Abschalten ermöglichen. Auf Dauer aber hat es schlimme Nebenwirkungen: Fettleibigkeit und Verdauungsstörungen, gefolgt von einem allgemeinen Unwohlsein.

Ich empfehle Dir deshalb, Deine Beine in Bewegung zu setzen mit einer Sportart, die Du magst, sei es Joggen, Walken, Radfahren etc. So werden wir geerdet und leeren unseren Kopf. Das ist natürlich anstrengender, als sich „den Wanst voll zu schlagen".

Mit der Zeit wird alles eine gute Gewohnheit und macht immer mehr Spaß. Sport in freier Natur schenkt uns zudem frischen Sauerstoff. Und der Anblick von Wäldern, Wiesen und dem blauen Himmel befreit uns von unseren einengenden Denkmustern.

Das Umschalten vom Kopf in die unteren Energieräume kann sich wie das Hochschalten beim Autofahren auswirken. Wir kommen wieder in die Gänge und befreien uns von quälenden Fixierungen. Wenn wir einen Radio- oder Fernsehsender einschalten und uns das Programm nicht zusagt, schalten wir ja auch so lange um,

bis uns etwas gefällt. Warum sollten wir das nicht auch bei uns selbst können?!

*B*eim Autofahren beherrschen wir alle das Um- und Hoch-schalten der Gänge.

Niemand würde über längere Strecken im ersten Gang auf der Autobahn dahinzuckeln.

Wir selbst aber rotieren oft in unserem Kopf und schalten nicht um.

Das Know-how kann man hier ebenso lernen wie beim Autofahren.

***Ein Wechsel der Tätigkeiten bringt mir neue Energie.**

Klarer *Blick*

Es gibt in unserem Leben so vieles, was unseren Blick trüben kann. Eine schmutzige Autoscheibe z. B. kann die Sicht so behindern, dass wir einen Unfall verursachen. Wie schmutzig die Fenster unserer Wohnung waren, merken wir erst, wenn sie wieder gereinigt sind. Dann wirkt das ganze Zimmer auf einmal lichtvoller, und wir fühlen uns wohler.

Immer mehr Menschen erkranken am Grauen Star, einer Trübung der Augenlinse. Früher wurden die Betroffenen mit der Zeit blind. Heute wird eine künstliche Linse eingesetzt, die für eine gute Sicht sorgt. Viele von uns besitzen noch vollkommen gesunde Augen, laufen aber mit einer geistigen Linsentrübung durchs Leben und sehen von all der Schönheit nur einen geringen Teil. Manche sind geistig fast blind. Die Psychologen sagen uns, dass wir alles, was wir sehen und erleben, mit unseren Erfahrungen filtern. Wir sehen die Welt nicht, wie sie ist, sondern wie wir sind. Jeder sieht etwas anderes, jeder lebt in seiner eigenen Welt, die sich von der seiner Mitmenschen unterscheidet.

Unsere Voreingenommenheiten und Vorurteile trüben unseren Blick. Es entgeht uns auf diese Weise viel Glück, das uns überall

umgibt und von uns wahrgenommen werden will. Undankbarkeit und Unzufriedenheit sind die Folgen.

Kleine Kinder sehen alles noch mit dem „Anfängergeist". Sie entdecken ihre Umgebung immer wieder wie zum ersten Mal, ohne Vorurteile und einengende Erfahrungen. Sie bewerten auch nicht. Kinder haben noch keine Jalousien und Vorhänge vor ihrem geistigen Auge. Licht und Leben scheinen noch ungehindert in sie hinein. Von den Kindern können wir also lernen, alles wieder wie zum ersten Mal zu sehen und uns darüber mit ungetrübtem Blick zu erfreuen.

Viele von uns leben in einem schönen Haus, einer komfortablen Wohnung. Aber im Alltagstrubel sehen wir all die Schönheiten nicht mehr. Kommen wir jedoch nach längerer Abwesenheit zurück, entdecken wir unsere Wohnung wieder ganz neu. Plötzlich wird uns nun all das bewusst, was wir vorher übersahen.

Wenn es uns gelingt, ständig, auch im Stress des Alltags, alles immer wieder wahrzunehmen, als sähen wir es zum ersten Mal, kann jeder Augenblick Begeisterung in uns auslösen. Wir selbst werden uns neu entdecken, wir sehen auch unseren Partner in einem ganz anderen Licht. Unsere Kinder, unsere Verwandten und Bekannten werden uns viel mehr Freude bereiten, wenn wir ihnen ebenfalls unvoreingenommen begegnen.

Was können wir nicht alles in der Natur erleben, wenn wir ihre Wunder mit dem Forschergeist der Kinder erkennen! Jeder Tag wird so zu einem neuen Leben.

Voreingenommenheiten und Vorurteile trüben unseren Blick, bis wir für vieles blind werden.

Wir sehen das meiste mit den Augen von gestern, doch alles verändert sich ständig.

Wenn es uns gelingt, das Leben wieder mit staunenden Kinderaugen zu betrachten, dann entdecken wir alles neu.

***Ich betrachte heute alles
mit wachem Anfängergeist.**

Ausgleich der Elemente

In alten Schriften werden die Elemente Feuer, Wasser, Luft und Erde als Engel bezeichnet. Es ist vom Engel des Feuers, des Wassers etc. die Rede. In der inzwischen auch bei uns populären Ayurveda-Lehre der Inder ist von verschiedenen Doshas (Typen) die Rede, die von den einzelnen Elementen dominiert werden.

Obwohl jeder Mensch alle Elemente enthält, ist bei jedem eines davon besonders ausgeprägt. Bei dem einen ist es das Feuer, bei einem anderen das Wasser, die Luft oder die Erde.

Wenn in der Natur durch große Brände das Feuer überhand nimmt, dann besteht Gefahr für die Erde, ebenso wenn Wasserfluten Überschwemmungen verursachen. Bei uns Menschen ist es nicht anders. Wollen wir in Harmonie und Gesundheit leben, dann brauchen wir bei aller Dominanz eines Elements einen Ausgleich durch die anderen drei. Wasser muss das Feuer in Grenzen halten, Luft bedarf der Erde, damit wir nicht abheben. Ein allzu feuriges Herz kann unseren gesamten Organismus verbrennen. Ein Luftikus, der ständig „abhebt", wird nie mit den Füßen auf der Erde stehen.

Das Sternzeichen, unter dem wir geboren sind, sagt uns etwas über unsere Anlagen hinsichtlich der Elemente. Widder, Löwe und

Schütze sind Feuerzeichen; Stier, Jungfrau und Steinbock sind Erdzeichen; Zwillinge, Waage und Wassermann gehören zu den Luftzeichen und Krebs, Skorpion und Fische zu den Wasserzeichen.

Freilich ist es leicht und anfangs vielleicht auch berauschend, seinem vorherrschenden Element zu „frönen", aber mit der Zeit geraten wir dann aus dem Gleichgewicht. Jedes Leben ist ein Balanceakt, und wer zu sehr nach einer Seite tendiert, stürzt leicht ab. Ich selbst habe als Löwe lange gebraucht, um die Kraft meines Feuers zu bändigen und schließlich sinnvoll zu nutzen.

Betrachte Dein Leben, Deine Erfolge und Misserfolge und analysiere selbst, welche „Ausgleichsübungen" für Dich notwendig sind. Der Volksmund weiß seit jeher um die Notwendigkeit dieser Balance. Er rät uns, „einen kühlen Kopf zu bewahren", oder er meint, „man solle nicht den Boden unter den Füßen verlieren."

Für ein glückliches Leben ist es notwendig, bei aller Dominanz eines Elementes immer wieder am Ausgleich aller Elemente zu arbeiten.

In der Natur herrscht Ausgewogenheit der verschiedenen Elemente.
Auch der Mensch bedarf dieser Balance.
Wo sie fehlt, entstehen Schwierigkeiten.

*** *Ich* bemühe mich heute um
Ausgeglichenheit.

Erfüllung

Erfüllung in unserem Leben ist wohl das, was wir alle suchen. In der zweiten Hälfte des 20. Jahrhunderts schien das Schlaraffenland Wirklichkeit geworden zu sein. Wissenschaft, Technik und Industrie ließen fast alle unsere Wünsche zur Realität werden. Die Gehälter stiegen unaufhörlich, so dass wir uns alles leisten konnten. Unser Volk wurde zu einem Heer von Konsumenten im neuen Paradies des aufblühenden Materialismus.

In diesem Taumel wurde das Geistige lange Zeit vernachlässigt. Wir ließen es uns einfach gut gehen. Das Wissen, dass das Geistige die Ursache alles Materiellen ist, geriet immer mehr in Vergessenheit.

Heute hat die moderne Wissenschaft wieder die Priorität des Geistigen bewiesen. Sie sagt uns, dass das, was wir als Materie bezeichnen, zu 99,9 % leerer Raum ist, während die eigentliche Materie nur 0,1 % ausmacht. Dieser leere Raum bedeutet aber nicht ein „Nichts". Er besteht aus feiner Energie und wird auch „Quantensuppe" oder „das Feld unendlicher Möglichkeiten" genannt. In diesem Raum können sich unsere Gedanken, Gefühle und Wünsche materialisieren, wenn nur unsere Intention stark genug ist und nicht vom Zweifel sabotiert wird.

So wie wir in ein leeres Gefäß alles Gewünschte hineinfüllen können, so können wir diesen obengenannten Raum mit unseren Absichten füllen, die je nach Intensität und Zeit allmählich Gestalt annehmen. Dieser Gedanke ist vielen Menschen in unserem materiellen Zeitalter noch fremd, haben wir doch bisher den Materialismus als das „Goldene Kalb" angebetet. Dabei ist unser Geist ebenso starr geworden wie das metallene Tier. Neben den großen technischen Fortschritten bewirkte der Materialismus eine Verkümmerung unseres Geistes.

Nachdem die äußeren Ressourcen immer spärlicher werden und sich eine Inflation anbahnt, ist eine Lösung unserer Probleme allein durch die Rückbesinnung auf die ursächlichen Geisteskräfte möglich. In unserer Situation kann eine Erfüllung unserer Wünsche von außen nicht mehr erwartet werden. Nur wenn wir unser inneres Feld unendlicher Möglichkeiten mit unseren Intentionen bepflanzen, hegen und pflegen, werden wir eines Tages die gewünschte Ernte einbringen können.

Schiller sagte: „Der Geist baut den Körper." Erinnern wir uns wieder daran. Es ist der Geist, der die Welt erschaffen hat, und mit unserem Geist können wir unsere Welt immer wieder neu erschaffen. Natürlich geht das nicht von heute auf morgen. Es erfordert gärtnerische Geduld und nicht nachlassenden Fleiß.

Unsere Zukunft hängt weitgehend davon ab, ob wir wieder den Vorrang des Geistes erkennen und danach handeln.

*****Ich weiß, dass der Geist die Ursache der Materie ist.**

Die *Fülle* der Leere

Ein Meister schenkte einmal einem Schüler Tee ein. Als die Tasse voll war, goss er immer weiter nach, so dass der Tee überfloss. Der Schüler machte den Meister darauf aufmerksam. Dieser antwortete: „Genau so voll wie diese Tasse ist, so voll bist auch du. Ich kann dir deshalb nichts geben." Auch wir sind meist angefüllt mit Vorurteilen oder Wünschen. Nur in ein leeres Gefäß kann etwas eingegossen werden.

Einige weitere Beispiele mögen uns die Fülle der Leere deutlich machen. Vergleichen wir einmal einen Bambus mit einer Eiche. Der Bambus ist hohl, und diese Leere bewahrt ihn davor, vom Sturm zerbrochen zu werden. Elastisch biegt er sich und richtet sich immer wieder auf. Die Eiche hingegen ist massiv und unbiegsam, und der Sturm kann sie brechen. Auch wir laufen Gefahr zu scheitern, wenn wir zu sehr mit Wünschen und Plänen angefüllt sind. Wir sind dann zu steif, um spontan und flexibel zu agieren und zu reagieren. Auf Blasinstrumenten können wir nur dann den gewünschten Ton hervorbringen, wenn sie hohl und leer sind. Würden wir sie mit etwas füllen, so würde jeder Ton im Keim ersticken.

Interessant ist in diesem Zusammenhang, dass in der Medizin große Entdeckungen gerade von Nichtmedizinern gemacht wurden.

Fachleute, die oft zu „Fachidioten" degradieren, waren einfach zu voll mit all ihrem Kram, um für Neues aufgeschlossen zu sein. So stießen „unbelastete" Laien zu neuen Horizonten vor. Auch auf vielen anderen Gebieten wurden Pioniertaten von im wahrsten Sinne des Wortes unvor-„eingenommenen" Laien vollbracht.

Wir werden heute von der Industrie und ihrer Werbung ständig auf allen Wahrnehmungskanälen mit so vielem gefüttert, ja gemästet. Wenn wir uns dem nicht entziehen können, dann sind wir so vollgestopft, dass nichts Neues und Originelles in uns mehr Raum greifen kann.

Auf der anderen Seite werden uns heute aber auch viele Möglichkeiten angeboten, wie wir uns zumindest teilweise wieder entrümpeln können. Das Fasten ist ein Mittel, uns physisch zu reinigen. Die Meditation lässt uns die Fülle der Leere im Geistigen erleben. Die Natur hilft uns stets, uns wieder auf das Wesentliche zu besinnen und Unwesentliches abzulegen.

Jeder möge nach seiner eigenen Veranlagung seinen Weg finden und gehen, um Raum für Neues und Wichtiges zu schaffen. Durch das Überangebot von außen bleibt uns oft kein Raum mehr für Eigenständiges.
Wir müssen immer wieder selbst zur Fülle der Leere zurückfinden.

*****__Ich genieße die Fülle der Leere.__

Gedankenführung

Unser Leben hängt von unseren Gedanken ab. Sind sie positiv, so wird auch unser Leben einen guten Verlauf nehmen. Schlechte Gedanken hingegen prägen es negativ. Peilen unsere Gedanken ständig neue Ziele an, dann wird das Ergebnis ebenso zerrissen sein.

Ich möchte Dir zu diesem Thema ein Bild skizzieren: Die Sicherheit beim Autofahren in der Dunkelheit hängt wesentlich von den Scheinwerfern ab. Sie müssen hell genug und richtig eingestellt sein. Ein Scheinwerfer, der zu hoch oder zu tief justiert ist oder sich gar nach links oder rechts „verirrt", kann uns leicht vom Weg abbringen. Wenn wir sicher und wohlbehalten an unser Ziel kommen wollen, dann muss er unsere Straße im optimalen Winkel beleuchten. Ebenso wie die Autoscheinwerfer sollten wir auch unsere Gedanken ausrichten und fokussieren. Dann können wir in allen Schwierigkeiten des Lebens klar sehen.

Die gewissenhafte Lenkung unseres Fahrzeugs kann uns Beispiel für unsere Gedankensteuerung im Leben sein. Jede Fahrigkeit ist immer mit gefährlichen Folgen verbunden. Wir sollten das Steuer unserer Gedanken stets fest und dabei doch elastisch im Griff haben, um

unseren Kurs optimal zu verfolgen. Die kleinste Unachtsamkeit kann uns unter Umständen das Leben kosten. Großzügigkeit ist hier nicht angebracht.

Eine gute Übung für unsere Gedankendisziplin ist, bei allen unseren Tätigkeiten stets ganz bei der Sache zu sein. Wenn uns das zur Gewohnheit wird, dann haben wir unsere Gedankenkräfte für alle Fälle trainiert und gestärkt. Das ist die beste Versicherung für unseren Alltag.

„Achtsamkeit ist ein Helfer für alles", sagte Buddha. Sie kann uns viel Leid ersparen und Glück und Erfolg bescheren. Alle Weisheitslehren legen uns deshalb die Achtsamkeit ans Herz. Blättern wir einmal unser Lebensbuch durch, so können wir dem nur zustimmen.

Wir sollten unsere Gedanken ebenso sorgfältig lenken wie unser Fahrzeug.
Unachtsamkeit ist in beiden Fällen äußerst gefährlich.

*****Ich steuere meine Gedanken mit bewusster Sorgfalt.**

Setze *Grenzen*!

Jeder von uns stößt immer wieder an Grenzen, die wir uns entweder selbst setzen oder die uns von anderen gesetzt werden. Wer kennt nicht das Bild zweier Nachbarn, die am Gartenzaun zusammenkommen, ihn nicht überschreiten und sich dort angeregt unterhalten. Beide erleben den Zaun als Ort der Begegnung und gleichzeitig als Grenze. Diese Möglichkeit sollten wir uns einmal deutlich vor Augen führen, denn viele Menschen entwickeln heute grundsätzlich eine Abneigung gegen das Setzen von Grenzen.

Früher hielten die Erwachsenen oft keinerlei Grenzen gegenüber der Jugend ein. Sie gingen willkürlich mit ihren Kindern um, tadelten und prügelten sie oft nach Lust und Laune. Heute getraut sich die erwachsene Generation nicht mehr, der Jugend Grenzen zu setzen. Plötzlich dürfen sich die Kinder und Jugendlichen alles erlauben.

Beide Extreme sind falsch. Sowohl die Jugend als auch die Erwachsenen müssen bei Übergriffen immer wieder ihre Grenzen erfahren, sonst breitet sich ihr Ego zum Schaden aller aus. Grenzsetzungen erlauben uns intern eine Begegnung mit unserem höheren Selbst und im Äußeren mit unseren Mitmenschen, ohne dass es auf beiden Seiten zu Verletzungen kommt.

Zu diesen Grenzsetzungen gehört auch, dass wir es wagen, in gewissen Situationen Ja oder Nein zu sagen und dann dazu zu stehen. Immer wieder begegnen wir Menschen, die uns für ihre Absichten einspannen wollen. Wer hier nicht Nein sagen kann, wird später oft böse Enttäuschungen erleben. Es gilt, fest in sich zu stehen, damit wir nicht umfallen und auf andere hereinfallen.

Da wir es nicht gelernt haben, Grenzen zu setzen und Nein zu sagen, rate ich Dir unbedingt: Stehe zu Dir, setze Grenzen und sage Nein! Solltest Du einen Antrag dann später nach eingehender Prüfung als gut befinden, kannst Du immer noch Ja sagen.

Auf jeden Fall: Wirf nicht gleich alle Grenzen über den Haufen! Grenzen sind für uns und unsere Mitmenschen ein notwendiger Schutz.

Durch das Setzen von Grenzen ermöglichen wir Begegnungen, die niemanden verletzen.

***Ich **scheue mich nicht, Grenzen zu setzen und Nein zu sagen.**

Erlernte *Hilflosigkeit*

Impfungen haben schon vielen Menschen das Leben gerettet. Denken wir allein an die Pocken, die früher ganze Städte ausrotteten.

Es gibt aber auch „Impfungen", die Menschen immer wieder das Leben kosten. Z. B. können Worte von Erwachsenen auf Kinder wie eine Impfung wirken, die ihr Leben negativ beeinflusst. Ein kleiner, blinder Junge fragte einmal seine Mutter: „Mama, warum bin ich blind?" Die Mutter antwortete: „Weil der liebe Gott etwas Besonderes mit dir vorhat." Viele Mütter hätten eine Antwort gegeben, die bei ihrem Kind ein Minderwertigkeitsgefühl ausgelöst hätte. Während eine vorbildliche Mutter das Kind zu besonderen Leistungen anspornt, lähmen andere Mütter das Selbstbewusstsein ihrer Kinder.

Ich glaube, wir Erwachsene machen uns oft keine Vorstellung, wie ein leichtsinnig dahingesprochenes Wort auf unsere Kinder wirken kann. Normalerweise hat jedes kleine Kind ein gesundes Selbstbewusstsein. Es traut sich alles zu, sonst könnte es zum Beispiel niemals laufen oder sprechen lernen. Durch abwertende Bemerkungen der Erzieher jedoch büßt es dieses Selbstbewusstsein mit der Zeit immer mehr ein. Die Erwachsenen meinen es oft gar

nicht so; außerdem hat man zu ihnen auf die gleiche Art und Weise gesprochen. Aber die Wirkung ist trotzdem fatal. Wir bringen dem einstigen „Alleskönner" auf diese Weise eine Hilflosigkeit bei, unter der er oft sein Leben lang leidet.

Keine Tiereltern verfahren so mit ihren Jungen. Nur wir Menschen „impfen" unsere Kinder immer wieder mit schwächenden Worten, bis sie diese in ihr Bewusstsein integriert haben. Dann vergessen sie ihre eigene Wahrheit und glauben an die aufgepfropfte Meinung anderer. Diese wird für sie eines Tages zur Tatsache. So wird die Krankheit „Mangelndes Selbstbewusstsein" von Generation zu Generation weitergegeben. Starke Kinder protestieren und befreien sich, schwache Kinder erliegen negativen Suggestionen.

Wir sind alle als „Löwen" oder „Adler" auf die Welt gekommen. Aber ein junger Löwe, der lange in einer Schafherde weilt, passt sich mit der Zeit der Herde an. Auch ein junger Adler, der im Hühnerstall aufwächst, imitiert schließlich die Hühnerschar.

Große Menschen, denen ich in Kunst, Philosophie und Religion begegnen durfte, haben stets mein Selbstbewusstsein gestärkt. Menschen, die an erlernter Hilflosigkeit litten, haben dagegen versucht, es zu stören oder sogar zu zerstören.

Sicher werden Dir aus Deinem Leben dazu Beispiele einfallen. Hüte Dich also vor den „Impfungen" der Menschen, die selbst krank sind. Sie werden Dich sonst anstecken. Du siehst, wie entscheidend es ist, mit welchen Menschen Du umgehst.

*W*ir Erwachsene erfreuen uns immer wieder an dem Selbstbewusstsein gesunder Kinder. Leider verlieren viele Menschen im
Laufe ihrer Erziehung diese wertvolle Gabe.

*** *H*eute besinne ich mich auf mein
gesundes Selbstbewusstsein.

Leichtigkeit in schweren Zeiten

Jeder von uns muss durch große Schwierigkeiten hindurch. Manchmal sind wir in einem Teufelskreis gefangen oder befinden uns sogar auf einer Abwärtsspirale. Eine Schreckensnachricht jagt die andere, und wir haben das Gefühl, nie mehr hochzukommen. Können wir in solchen Fällen etwas unternehmen oder müssen wir uns einfach unserem „Schicksal" ergeben?

Durch negative, herabziehende Gedanken, Gefühle und Handlungen verschlimmern wir nur alles. Mit einer positiven Einstellung können wir das meiste zum Guten wenden. Oft geht es uns dann nach der „Katastrophe" besser als vorher. Viele Menschen haben das schon bewiesen. Vielleicht hast Du so jemanden in Deiner Verwandtschaft oder Bekanntschaft. Dann schätze Dich glücklich, denn er kann Dir in schweren Zeiten ein Vorbild sein.

Wenn es uns schlecht geht, neigen wir dazu, negative Gedanken und Gefühle zu hegen. Unsere schlimme Situation zieht diese geradezu an. Wir überlassen uns dann unkontrolliert Grübeleien, und alles verschlechtert sich zusehends. Das ist so, wie wenn wir beim Autofahren eine Gefahr sehen und dann mitten hineinsteuern.

Man hat lange Zeit das Fliegen mit einem Flugzeug für unmöglich gehalten. Wie sollte ein so schweres „Ding", das noch dazu mit Menschen und Gepäck beladen wird, sich in die Luft erheben können und gar oben bleiben? Die Wissenschaftler sagen, dass eine Hummel nach aerodynamischen Gesetzen überhaupt nicht fliegen könne. Ihre Flügel seien im Vergleich zur Körpergröße und zum Gewicht viel zu klein. Die Hummel weiß das nicht und fliegt einfach.

Beobachten wir einmal einen Ballon bei seiner kühnen Höhenfahrt. Wie kann er, noch dazu mit etlichen Fahrgästen, nach oben steigen? Da gibt es zwei Möglichkeiten. Einmal muss das Gas im Ballon einen immer stärkeren Auftrieb entwickeln, und zum anderen kann man Ballast abwerfen und somit das Gewicht verringern. Stärkere Auftriebskraft und Gewichtsverringerung also lassen uns mit dem Ballon aufsteigen. Diese Erkenntnisse können wir ebenso bei uns anwenden, wenn wir einmal ganz unten sind. Alle belastenden Gedanken und Gefühle werfen wir einfach über Bord. Damit verlieren wir an Schwere, die uns nach unten zieht. Außerdem suchen wir Gedanken und Gefühle, Musikstücke, eine passende Lektüre, alles, was uns Leichtigkeit und Auftrieb verleiht. Sofort spüren wir, wie wir uns aus der Talfahrt erheben.

Das Abschalten negativer Gedanken will allerdings geübt sein. Es ist ein Training wie jedes andere. Anfangs gelingt es uns selten, aber mit Geduld und Beharrlichkeit werden wir unsere eigenen psychischen Navigatoren.

Freilich erleben wir immer wieder, wie sich dunkle und furcht-
erregende Gedanken und Gefühle vor unsere neue sonnenhafte
Einstellung schieben. Doch wie Dias können wir Unschönes gegen
Schönes einfach auswechseln. Wir sollten auch immer nur die
Probleme des Tages angehen und nicht die von Jahren oder gar
von Jahrzehnten. In einen Schubkarren können wir auch nicht
die Backsteine für unser ganzes Haus auf einmal aufladen. Aber
mit genügend Übung werden wir uns dann eines Tages wie mit
einem Hubschrauber über jede Situation erheben und so neue
Perspektiven erkennen. Als Antrieb kann uns alles dienen, was
uns emporhebt.

*Wenn es uns schlecht geht, hegen wir meist negative Gedan-
ken, die uns noch mehr belasten.*
*Es scheint alles immer schwerer zu werden, und der Sog nach
unten verstärkt sich.*
*In solchen Situationen können wir der Schwerkraft eine „Leicht-
kraft" entgegensetzen.*
Positive Gedanken, Gefühle und Handlungen lösen diese aus.

*** **Ich setze heute allem Belastenden etwas
Emporhebendes entgegen.**

Von der Ohnmacht zur *Macht*

Die psychosomatische Medizin sieht heute in dem Verlust unserer persönlichen Macht die Ursache für so manche Krankheiten. Wie ist es zu erklären, dass wir uns oft viele Jahre unseres Lebens so ohnmächtig fühlten und entsprechend handelten oder auch nicht handelten? Manche von uns verbringen ihr ganzes Leben in dieser Hilflosigkeit.

Als kleine Kinder sind wir den Erwachsenen beinahe wehrlos ausgeliefert. Ein kleines Mädchen kann sich wohl kaum einem erwachsenen Vergewaltiger entziehen. Nun sind solche körperlichen Brutalitäten sicher die Ausnahme, obwohl sie häufiger vorkommen, als man denkt. Die meisten von uns haben jedoch jahrelang psychische und mentale Gewaltakte erlitten, ohne sich zur Wehr setzen zu können.

Viele Eltern erpressen ihre Kinder mit Liebesentzug, wenn sie nicht folgen wollen. Da wir aber alle als Kinder die elterliche Liebe notwendig brauchten, gaben wir nach. So verloren wir allmählich unsere Macht. In der Schule hatte dann meistens der Lehrer recht, und unsere Ohnmacht vertiefte sich weiter. Gute Schüler waren

brave Schüler, die sich anpassten. Revoltierte jemand, so wurde er dafür bestraft.

Am längeren Hebel saßen also meist die Erwachsenen. Freilich gab und gibt es immer wieder Kinder, die sich nichts gefallen lassen und ihre Macht nicht gegen Ohnmacht eintauschen. Die meisten aber fügen sich in ihre Opferrolle und spielen sie brav in ihrer Ehe und in ihrem Beruf weiter. Je nach Veranlagung werden sie dann von verschiedensten Krankheiten heimgesucht, die ihre unterdrückte Seele als Notschrei zum Ausdruck bringt, um eine Lebensumstellung zu bewirken.

Wollen wir gesund bleiben oder wieder gesund werden, so müssen wir unsere Macht, die wir als kleine Kinder hatten, wieder zurückerobern. Obwohl wir dabei unter Umständen äußere Bedingungen verändern müssen, z. B. durch einen Berufswechsel oder eine Ehescheidung, ist vor allem eine innere Umstellung dringend notwendig. Es geht darum, unsere innere Welt, unsere innere Stimme und Autorität wiederzufinden, ihr zu vertrauen und danach zu handeln.

Wir müssen wieder den Mut aufbringen, anderen gegenüber Grenzen zu setzen und Nein zu sagen. Aus äußerer Abhängigkeit gilt es, den Weg zur inneren Freiheit zu finden. Äußere Autoritäten und Institutionen sollten wir zwar beratend einschalten, aber unsere Entscheidungen haben wir unbeeinflusst ganz allein zu treffen.

Vergessen wir dabei auch nicht, dass weder Staat noch Kirche Interesse an mündigen Mitgliedern haben. Beiden Institutionen ist mehr daran gelegen, dass wir manipulierbar sind. Schließlich wurde Christus als Revolutionär gekreuzigt, weil er die Macht des Individuums gegen die Macht des Kollektivs verteidigen wollte. Er sah sich nur Gott untertan und keiner menschlichen Autorität verpflichtet.

Nachdem wir oft viele Jahre ohnmächtig dahinvegetierten, ist es natürlich nicht einfach, zur Selbstermächtigung zurückzufinden. Es ist ein Prozess, der eine gewisse Zeit dauert und konsequentes Denken und Handeln erfordert. Wenn wir diesen Weg aber beharrlich verfolgen, so führt er uns zu Unabhängigkeit, Zufriedenheit und letztlich auch zur Gesundheit. Der Wechsel von der Ohnmacht zur Macht gleicht einer Neugeburt.

Um allen Missverständnissen vorzubeugen, sei das Wort „Macht" noch kurz definiert. Macht ist, sich selbst und alle Wesen zu lieben und allen zu dienen. Die Liebe ist die größte Macht auf Erden. Sich selbst und anderen zu schaden, bedeutet bei allen zur Verfügung stehenden äußeren Mitteln stets Ohnmacht, die sich lediglich als Macht tarnt. Wer Kriege im Kleinen und Großen stiftet, handelt aus einer Ohnmacht heraus, auch wenn er das anders interpretiert.

In der Kindheit und Jugend verloren wir oft unsere Macht.
Ohnmächtig starteten wir ins Leben.
Krankheit und Misserfolg waren so vorprogrammiert. Durch Einsicht und Arbeit können wir unsere Macht zurückgewinnen.

*** **Ich handle heute mit der „Macht der Liebe".**

Maskerade

Man hat uns weisgemacht, dass gewisse Gedanken und Gefühle zu uns gehören, ja mehr noch, dass wir diese selbst seien. Sind wir beispielsweise voller Wut auf jemanden, so meinen wir, diese Wut sei unser eigentliches Wesen. Aber das stimmt nicht. Alle diese Gedanken und Gefühle sind nur alte Klamotten, die wir uns einmal haben überziehen lassen und die wir nun nach langer Gewohnheit für unser Sein halten. Wir verhalten uns dabei etwa so, als zögen wir uns das Gewand eines Bettlers an und meinten, wir seien nun selbst ein Bettler. Beim Faschingstreiben boomt bei uns diese große Maskerade, und der Alkohol tut das Seinige dazu, um uns zu „verzaubern".

Wenn wir uns finden und glücklich sein wollen, dann müssen wir all diese Verkleidungen einmal ablegen, die wir fälschlicherweise für unser eigentliches Wesen halten. Wen und was entdecken wir dann unter diesen Uniformen? Wir erkennen, was uns die Weisen der Welt schon immer gesagt haben, nämlich dass wir Liebe und Güte sind. Das ist die Wahrheit, der wir lange nicht ins Auge geschaut haben und die viele oft ihr Leben lang nicht entdecken.

Im Osten heißt es: „Du bist Ananda (Seligkeit)." Die Wissenschaftler sagen uns heute, dass jeder Mensch ein Genie sei. Nur die meisten wissen es nicht und nutzen ihre Talente zu wenig. Die Bibel sagt uns, dass wir Gottes Kinder sind, Gottes Ebenbilder.

Wir haben alle schon einmal beobachtet, wenn Kinder in Kaufhäusern von ihren Eltern eingekleidet werden. Die Eltern wollen ihnen meist etwas Unerwünschtes überziehen, und die meisten Jugendlichen revoltieren dagegen. Uns Erwachsenen ist viel weniger bewusst, dass wir mit einer unpassenden „geistigen Konfektion" herumlaufen. Wir sind aber so daran gewöhnt, dass wir uns völlig mit ihr identifizieren.

Oft bedarf es eines gewaltigen „Erdrutsches" in unserem Leben, damit wir die alten Klamotten ablegen, bevor uns in diesen Verkleidungen die Luft ausgeht. Das Schicksal weiß genügend Gelegenheiten, uns unsanft daran zu erinnern, wenn wir blind dafür geworden sind. Schicksalsschläge sind aber nicht unbedingt notwendig, wenn wir uns immer wieder daran erinnern, wer wir in Wirklichkeit sind. Wir sind Liebe, Güte, Frieden und all das Gute. Werfen wir die alten Kleider, die uns körperlich und geistig einengen, ins Feuer der Zeit und werden wir die, die wir in Wirklichkeit sind. Nehmen wir unser göttliches Erbe in Anspruch!

Wir können die alten Klamotten unserer Gedanken und Gefühle „ausziehen".

Dann entdecken wir unsere wahre Natur, welche Liebe ist.

*****Ich denke und handle aus meiner
wahren Natur heraus.**

Die *Mitte* bewahren

W ie leicht verlieren wir bei vielen Gelegenheiten unsere Mitte. Wir haben ja auch nicht gelernt, wie wir sie finden und bewahren können.

Die Außenwelt verführt uns zu allerlei Extremen, weil wir auf diese Weise leicht zu manipulieren sind. Ohne Mitte aber sind wir wie ein Vogel ohne Körper, ohne Steuerungssystem. Das ewige Hin und Her zerreißt uns und macht uns schließlich krank.

In allen Bereichen unseres Lebens gibt es immer wieder Pendelausschläge zum einen oder anderen Extrem. Bei allem ist ein Zuviel und ein Zuwenig möglich. Zu viel Essen macht uns unbeweglich und krank, zu wenig ebenso. Zu viel Sport ist ungesund, zu wenig gleichermaßen. Die Mitte ist überall der gesunde Weg, die optimale Lösung.

Drei Wege führen uns in unsere Mitte. Spüren wir zuerst unseren Körper als die Mittelachse. Diese ist fest und stark wie ein Baumstamm, der sich nach allen Seiten zwar bewegen kann, dabei aber nicht entwurzelt wird. Der Baum lehrt uns eine zuverlässige Stabilität und zugleich allseitige Beweglichkeit. Im Zentrum, im

Stamm ist er besonders stabil, an der Peripherie zu den Ästen und Blättern hin ist er äußerst flexibel.

Den zweiten Weg in die Mitte zeigt uns der Geist. Auch er braucht ein stabiles Zentrum und eine flexible Peripherie. Unser Lebensziel sollte feststehen, damit wir nicht im Zickzackkurs umherirren. Aber wir müssen auch bereit sein, zuweilen eine notwendige Umleitung zu nehmen, weil manche Strecken eben nicht befahrbar sind. Dabei dürfen wir natürlich unser Ziel nicht aus den Augen verlieren.

Manchmal ist es angebracht, seine Methoden zu verändern. Hierzu ein Beispiel: Jemand möchte Sänger werden, macht aber keinerlei Fortschritte. Viele geben ihr Ziel dann auf. Man kann aber auch seine Gesangstechnik verändern, einen neuen Lehrer suchen, das Stimmfach wechseln etc.

Der dritte Weg zur Mitte führt über die Seele. Sie zeigt uns schließlich immer einen Weg zur Mitte, zu Ruhe und Zufriedenheit. Die starken, angsterregenden Wogen des Lebens überblickt sie aus hoher Perspektive und bleibt davon unberührt und unbekümmert. Sie kann extreme Gefühle, die uns vom Weg abbringen, glätten und beruhigen.

So können wir mit Körper, Geist und Seele unsere Mitte finden und bewahren und von dort aus eine gesunde Flexibilität praktizieren. Ruhe und Bewegung stehen in einem harmonischen Verhältnis und ergänzen sich.

Jeder Pendelausschlag sollte sich immer wieder zur Mitte hin orientieren und sich nicht in Extremen verlieren. Konzentration und Expansion bilden den gesunden Atem unseres Lebens.

Unser Zeitgeist wirft uns oft aus der Mitte.
Es liegt an uns, immer wieder selbst unsere Mitte zu finden und
Kraft aus ihr zu schöpfen.

****Ich lebe aus meiner Mitte heraus*
und vermeide Extreme.

Nörgeln

Das Nörgeln ist eine weit verbreitete geistige „Krankheit" unserer Zeit. Da es genug prominente Nörgler gibt, braucht man um den Nachwuchs in dieser „Branche" nicht besorgt zu sein. Während die meisten selbst gerne nörgeln, will aber niemand „benörgelt" werden.

Unsere Medien, die für die Masse Vorbildcharakter haben, greifen hauptsächlich nur Negatives auf und kosten es voll aus. Brave „Schäfchen" imitieren das Vorgemachte. Die weit verbreitete Ansicht, dass alle eine Macke haben, nur nicht wir selbst, tut jedem für den Moment gut. Auf lange Sicht aber zerstört sie den Nörgler selbst.

Sicher hast Du schon beobachtet, dass die Menschen, die begeistert ihrer Tätigkeit nachgehen, weder Zeit noch Lust zum Nörgeln haben. Die anderen, die ihrer Aufgabe ausweichen wollen, benutzen das Nörgeln als Arbeitsnachweis. Sie meinen, dass sie umso Wichtigeres geleistet haben, je bösartiger sie über andere lästerten. Betrachten wir uns selbst kritisch, so haben oder hatten wir alle solche Phasen der „Nörgelsucht", die niemandem etwas brachten, uns selbst schon gar nicht.

Ich erinnere mich an Zeiten in meinem Leben, in denen auch ich genussvoll diesem Laster frönte. Eines Tages erkannte ich dann, dass mein Nörgeln mir nur Sand ins Lebensgetriebe streute und so Misserfolge und Krankheiten auslöste. Es wurde mir klar, dass ich damit nur mir selbst Schaden zufügte. Wahrscheinlich hast Du diese Erfahrung auch schon gemacht. Ist das nicht ein guter Grund, ein für alle Mal mit dem Nörgeln aufzuhören?!

Ein weiterer Grund ist, dass wir keine Veranlassung haben, andere zu beurteilen und zu verurteilen. Jeder hat das Recht, sein eigenes Leben zu führen. Was wissen wir schon über den Weg und das Ziel der anderen? Nichts! Weshalb also diese Anmaßungen?

Wenn mich die Lust zum Nörgeln überkommt, so versuche ich, mich selbst kritisch zu betrachten. Und ich finde bei allem Selbstbewusstsein immer genug bei mir selbst zu verbessern. Ich kann Dir diese Strategie nur empfehlen.

Achtung vor allen Menschen und Humor in schwierigen Lebenslagen sind wundervolle „Medikamente" gegen die destruktive Nörgelsucht. Probiere es doch einfach mal aus!

Als Jugendliche litten wir unter der Nörgelsucht mancher Erwachsener.

Später huldigten wir dann selbst diesem Laster, das wir oft als Tugend tarnten.

Wenn wir einmal erkannt haben, dass Nörgeln allen Beteiligten nur schadet, beginnen wir an uns selbst zu arbeiten.

*** **Sobald mich die Lust zum Nörgeln überkommt, verwende ich diese Energie zur Selbstkritik.**

Öffnung ermöglicht Erfüllung

Zusammenhänge im Äußeren sehen wir meist leicht ein, im Inneren aber fällt uns das oft schwer. So wissen wir z. B., dass die Füllmenge von der Größe des Gefäßes abhängt. Beträchtlich schwerer fällt uns aber die Erkenntnis, dass auch wir selbst uns weit öffnen müssen, wollen wir Großes in uns aufnehmen. Wenn wir unser Luftvolumen vergrößern möchten, müssen wir uns ausdehnen. Auch um unser geistiges und seelisches Fassungsvermögen zu erweitern, bedarf es der Expansion.

Jedes Jahr freuen wir uns wieder, wenn wir nach einem langen und kalten Winter unsere dicke Garderobe ablegen und leichte Kleider tragen können. Wir öffnen uns der Sonne, dem Wind und allem, was uns berühren und erfüllen will. Ebenso tut es uns gut, wenn wir uns immer wieder dem Abenteuer des Lebens, neuen Gedanken und Gefühlen, neuen Erkenntnissen öffnen dürfen.

Es wurde nachgewiesen, dass gesunde alte Menschen in ihrem Leben immer eine gewisse Offenheit und Neugier pflegten. Wenn wir also meinen, dass das Leben an uns vorbeigeht und wir nicht das bekommen, was uns zusteht, so sollten wir ernsthaft prüfen, ob wir auch bereit sind, uns zu öffnen. Oft gleichen wir Fischen,

die mitten in ihrem Wasserelement „ersticken", weil sie ihre Kiemen nicht mehr öffnen können. Manche von uns geraten aber auch in große Schwierigkeiten, weil sie für Schlechtes zu offen sind. Nur wenn wir für das Gute zugänglich sind, erleben wir echte Erfüllung.

Wir alle suchen Erfüllung.
Aber nur wenige von uns haben auch den Mut, sich dafür zur rechten Zeit zu öffnen.

***Ich **öffne mich heute Neuem**
und Wertvollem.

Achte darauf, wem Du *Raum* gibst!

Mit großer Sorgfalt und Liebe räumen wir unsere Wohnung ein. Wir suchen uns die passenden Möbel aus und stellen sie optimal im Zimmer auf. Dabei achten wir darauf, dass wir es nicht zu voll stellen, so dass genügend Freiraum bleibt, denn sonst bekommen wir Platzangst, und es verschlägt uns den Atem. Mit Staubsauger und Staublappen sorgen wir für Sauberkeit. Regelmäßiges Lüften erhöht unsere Wohnqualität.

Um in unseren Wohnräumen eine optimale Atmosphäre zu schaffen, müssen wir aber auch sorgfältig auswählen, welchen Gedanken, Gefühlen und Stimmungen wir Raum geben. Diese sind zwar nicht so leicht greifbar wie unsere Möbel, aber mindestens ebenso entscheidend wie diese.

Das komfortabelste Zimmer stimmt uns nicht froh, wenn wir unseren geistigen Raum nicht pflegen. Ein einziger negativer Gedanke kann die gesamte Wohnatmosphäre beträchtlich stören.

Sicher bist Du schon in ganz einfache Wohnungen gekommen, in denen buchstäblich die Sonne schien. Auf der anderen Seite ist

Dir aber auch schon aufgefallen, dass noch so prunkvolle Möbel nicht über eine triste Wohnatmosphäre hinwegtäuschen können.

In jedem Augenblick senden wir mit unseren Gedanken Schwingungen aus, die unsere Wohnräume in ein besonderes Licht tauchen. Letzten Endes sind es unsere Gedanken, welche die Atmosphäre am meisten prägen. Achtsamkeit ist also auch hier notwendig. Prüfe deshalb immer wieder, welchen Gedanken Du Raum gibst!

Wir sollten stets darauf achten, wem oder was wir in unserer Innen- und Außenwelt Raum geben.

***Ich gebe in meinem Alltag nur Gutem und Schönem Raum.**

Das Geschäft mit der *Sexualität*

Marketing beherrscht heute unsere Zeit und bestimmt, ob ein Produkt herausgegeben wird oder nicht. Entscheidend ist nicht sein Wert, sondern wie es sich verkauft. Diese Einstellung hat auf allen Gebieten schlimme Folgen.

Damit die „Sex-Industrie" ihren Umsatz steigern kann, werden alle Werte über den Haufen geworfen. Die Jugend wächst in einer Welt auf, in der Sex wie eine billige Ware gehandelt wird. War vor einigen Jahrzehnten noch alles tabu, ist heute alles erlaubt. Beides ist falsch, resultiert aus Unfreiheit und führt letztlich wieder zur Abhängigkeit.

Jahrhundertelang wurde die Sexualität als Sünde deklariert, obwohl sie überall heimlich praktiziert wurde. Heute ist sie selbst für Teenager schon ein ganz normaler „Gebrauchsartikel". So schwinden die Achtung und Liebe dem anderen Geschlecht gegenüber immer mehr.

Nur in Verbindung mit Liebe fördert die Sexualität unsere menschlichen Beziehungen und lässt sie erblühen. Reiner Sex degradiert

den anderen zur Ware. Leider leisten dieser unglücklichen Entwicklung unsere Medien kräftig Vorschub, damit die Einschaltquoten und Verkaufszahlen stimmen. Es gibt keine Tankstelle, kein Zeitschriftengeschäft, wo uns nicht „hübsch garniertes" Fleisch entgegenstarrt. Schalten wir den Fernseher ein, so begegnen wir Ähnlichem. Viele Verlage wissen sehr gut um die hohen Verkaufszahlen derartiger Literatur.

Der nackte Körper ist etwas Schönes und Natürliches. Allzulange mussten wir ihn verstecken. Ebenso natürlich sind Nacktbadestrände. Unnatürlich hingegen ist die übertrieben aufreizende Darstellung des Körpers.

Wenn heute so viele Beziehungen und Ehen nach kurzer Zeit in die Brüche gehen, dann kommt das unter anderem daher, dass die Sexualität bereits ganz am Anfang steht, oft schon bei der ersten Begegnung. Durch diesen Rausch aber lernt man sich nicht kennen. Vielmehr geht man sich aus dem Weg und flüchtet in Illusionen. Wenn dann die ersten Missverständnisse auftreten, so trennt man sich; man passt halt doch nicht zusammen. Letztlich ist das Ausschlaggebende einer Beziehung Geist und Seele. Wenn es da nicht stimmt, erlischt das Feuer der Sexualität meist sehr rasch.

Früher ging man eine Zeitlang miteinander, sprach über seine Vorstellungen, seine Träume, seine Hobbys. Und wenn darin eine gewisse Übereinstimmung bestand, dann erst lebte man auch die Sexualität. Natürlich ist dieser Weg nicht unbedingt eine Garantie für ein längeres Zusammenbleiben. Aber die Chancen stehen

wesentlich besser, als wenn das Feuer gleich abgebrannt wird und schließlich nur Asche übrig bleibt.

Unserer Unterhaltungs- und Vergnügungsindustrie ist das Schicksal ihrer Konsumenten völlig gleichgültig. Hauptsache, die Kasse stimmt.

Ich bin beileibe kein Sexmuffel. Recht gelebte Sexualität gehört mit zum Schönsten, was wir Menschen erleben dürfen. Sie kann uns große Freude und Erfüllung schenken. Es kommt nur darauf an, wie wir mit diesem Schatz umgehen. Sexualität setzt eine gewisse Reife voraus, eine Selbst- und Menschenkenntnis. Keinesfalls sollte sie als Konsumgut immer und überall und mit jedem praktiziert werden.

Wenn wir lernen, verantwortungsvoll mit uns selbst und anderen umzugehen, dann wird sich in unserem Leben wieder vieles zum Guten wenden. Das Glück, das wir in der Sexualität suchen, können wir nur finden, wenn sie mit Liebe verbunden ist.

Sexualität ist ein wertvolles Gut in Verbindung mit Liebe.
Sie sollte nicht als Konsumgut vermarktet und missbraucht werden.

*** Ich verbinde Sexualität mit Liebe.

Der *Spiegel* als Lehrer

Ein Spiegel kann uns manches lehren. Wenn er keine äußeren Objekte zu spiegeln hat, dann genießt er seine Auszeit, seine Ruhe. Sobald jedoch etwas in sein Blickfeld tritt, nimmt er es auf und gibt es augenblicklich haargenau wieder. Aufnahme und Wiedergabe stimmen vollkommen überein.

Wenn jemandem sein Spiegelbild nicht gefällt, so kann er sicher sein, dass der Spiegel nicht daran schuld ist. Er bildet immer nur ab, ohne dabei etwas zu verändern, und verkündet stets die Wahrheit.

Wir Menschen können vom Spiegel Wichtiges lernen. Wenn wir uns gerade einmal ausruhen wollen, sollten wir auf Gedanken- und Gefühlsleere umschalten, um Energie zu sparen. Doch nur wenigen von uns gelingt es, die Kopfspirale oder das Gedanken-karussell einmal anzuhalten. Meist läuft der innere Dialog weiter und beansprucht unsere strapazierten Nerven.

Begegnet uns dann etwas, dann fällt es den meisten von uns sehr schwer, das Gegenüber wirklichkeitsgetreu aufzunehmen und wie-derzugeben. Eindruck und Ausdruck werden oft entstellt. Wir sehen das Objekt nicht richtig, sondern durch Vorurteile verfälscht und

projizieren willkürlich unsere Meinung darauf. Im Grunde spiegeln wir das Andere nicht so wider, wie es ist, sondern wie wir es sehen wollen. Die Wahrheit wird so oft bis zur Unkenntlichkeit pervertiert.

Das können wir auf allen Gebieten des Lebens beobachten. Welche Entstellungen erfuhren die großen Stifter der Weltreligionen, wie viele Künstler wurden zu Lebzeiten oder auch posthum durch allzu fantasiereiche Berichterstatter verklärt oder aber verunglimpft!

Nur wenige Dirigenten bemühen sich z. B., die Musik des Komponisten in den Mittelpunkt zu stellen. Viele bringen hauptsächlich sich selbst ein. Meist ist ihr Name größer geschrieben als der des Komponisten. Die Spiegelung der meisten Menschen ist eben vom Ego und von der Eitelkeit gefärbt.

Ich versuche mich immer wieder zu beobachten, wie ich etwas aufnehme und wiedergebe. Das wirft ein neues Licht auf mich und andere und bringt mich der Wahrheit einen Schritt näher. Diese Beobachtungen, die man immer und überall anwenden kann, können zu einem interessanten Abenteuer werden.

Vielleicht macht es Dir ebenso viel Spaß wie mir. Wir können so der Selbsterkenntnis und der Menschenkenntnis einen Schritt näher kommen.

Die Brille unserer Vorurteile lässt uns die Wahrheit selten richtig erkennen.

Wir sehen meist die Wirklichkeit nicht, wie sie ist, sondern wie wir sie sehen wollen.

*** **Ich bemühe mich stets, die Wirklichkeit ohne persönliche Verfärbungen zu erkennen.**

Das Leben – ein *Spiel*

D ie östlichen Religionen bezeichnen Gottes Schöpfung als sein Spiel. Wir hingegen betrachten oft unser Leben als eine Aufeinanderfolge von Schwierigkeiten, als Katastrophe, als ständigen Kampf. Pessimisten sehen in allem ein Scheitern, eine Niederlage. Je nachdem, wie wir das Leben ansehen, wird es sich vor uns entfalten. Unsere Einstellung formt unsere Gedanken und Gefühle, unsere Glaubenssätze und schließlich unsere Entscheidungen und Handlungen.

Erinnern wir uns einmal daran, wie wir als Kinder den ganzen Tag begeistert spielten und dabei nicht müde wurden. Nachdem wir das verlernt haben, sollten wir es wieder von unseren Kindern übernehmen. Kleine Kinder leiden Gott sei Dank noch nicht unter der „Krankheit" der Ernsthaftigkeit. Ihr Spiel ist geprägt von Lachen und Heiterkeit. Während wir Erwachsenen bei unserer Arbeit meist Energie verlieren, laden sich Kinder beim Spielen energetisch auf.

Vor einiger Zeit führten Wissenschaftler ein interessantes Experiment durch. Ein Athlet mit bester Kondition erhielt die Aufgabe, mit einem fünfjährigen Kind stundenlang zu spielen. Er durfte sich vor nichts drücken. Nach einigen Stunden war das Kind

noch quietschvergnügt, der Athlet hingegen war fix und fertig. Während das Kind alles als Spielerei betrachtete, erschien dem Erwachsenen dasselbe als Arbeit. Dieses Experiment erleben viele Eltern tagtäglich mit ihren eigenen Kindern. Sie leiden abends am „Burn-out-Syndrom", während ihre Kinder selig im Bett liegen. Wir sehen, welch ausschlaggebende Bedeutung unsere Einstellung auf die Energie hat.

Immer wieder fällt uns auf, wie sich Kinder plötzlich von heute auf morgen verändern, wenn sie in die Schule kommen. Der „Ernst des Lebens" prägt sie nun. Aus Spielern sind Arbeiter geworden. Wenn es den Erziehern gelänge, die Schulaufgaben spielerisch anzugehen und zu lösen, so wären die Lernerfolge größer und die Kinder fröhlicher.

Dass mit der Schule die Ernsthaftigkeit einziehen müsse, ist zwar eine alte, aber nach wie vor ungute Tradition, die wir verändern können. Ernsthaftigkeit erschließt niemals unser gesamtes Potential. Sie beschränkt uns auf die linke Gehirnhälfte, während die kreative rechte brach liegt. Heiterkeit, Entspannung und spielerischer Umgang mit den Dingen bezieht die kreative rechte Hirnhälfte mit ein. So kann das ganze Potential entfaltet werden. Schiller sagte: „Der Mensch ist nur da Mensch, wo er spielt."

Alle großen Künstler, Wissenschaftler und Erfinder gehen spielerisch an ihre Aufgaben und lösen sie auf diese Weise. Ein Maler spielt mit Farben und Formen, ein Musiker mit Tönen, ein Sportler mit seinen Muskeln. Natürlich sind bei allen Aufgaben Ausdauer

und Beharrlichkeit unbedingt notwendig, aber dieses Durchhaltevermögen kommt automatisch mit dem spielerischen Umgang, während es uns bei stressiger Arbeit schwerfällt, durchzuhalten. Das Spiel wird zur Energiequelle, während Stress ein Energieräuber ist.

Wir haben alle unsere bestimmten Arbeiten, die wir nicht gerne tun. Es wäre einmal einen Versuch wert, diese Arbeiten als Spiel anzusehen und zu behandeln. Sie werden uns dann ganz anders von der Hand gehen. Wir werden sie schneller und besser erledigen und uns dabei hinterher wesentlich wohler fühlen.

So, wie wir das Leben betrachten, wird es sich uns zeigen. Das Leben als Spiel anzusehen, bringt uns viele Vorteile.

***Ich gehe heute spielerisch an meine Aufgaben heran.

Das *Trojanische Pferd*

Der Trojanische Krieg wurde von den Griechen durch eine List gewonnen. Sie fingierten den Rückzug und stellten als „Geschenk" ein hölzernes Pferd vor die Mauern Trojas. Im Inneren des Pferdes aber waren ihre besten Krieger versteckt. Die Einwohner von Troja holten das Pferd in ihre Stadt und wurden von den eingeschleusten Soldaten niedergemetzelt.

Auch in unserer Zeit werden uns immer wieder Trojanische Pferde angeboten. Diese können dann eines Tages Unglück auslösen. Es wäre deshalb klug von uns, immer zu prüfen, was wir in unser Haus, in unseren Kopf, in unser Herz hineinlassen. Das kann über Leben und Tod entscheiden. Sind wir noch jung und unerfahren, verhalten wir uns oft recht unkritisch, bis wir schlimme Erfahrungen gemacht haben.

Welches sind nun solche Trojanischen Pferde, die man versucht, bei uns einzuschmuggeln? Am häufigsten sind es Worte, die man uns weitergibt und die wir in uns einlassen, Worte, die ein negatives Selbstbild formen, die destruktiv sind. Manche Absender verstehen es geradezu, „Voodoo-Flüche" in uns hineinzukatapultieren, die wie giftige Pfeile in uns stecken bleiben.

Von Erziehern werden oft falsche und verderbliche Charakterzüge angelegt und gepflegt, die uns leicht auf Irrwege führen können. In unserer Zeit wird Wissen höher eingeschätzt als gute Charaktereigenschaften. Das mag uns zuweilen einen gewissen Erfolg bescheren, auf lange Sicht aber bringt uns diese Anschauung Unglück. Ein guter Charakter ist die unbedingte Voraussetzung für Gesundheit, Glück und Erfolg.

Wenn es in unserer Kultur, in unserer Zeit überall so schlecht aussieht, so liegt das nicht am Wissensmangel unserer Führer in Politik und Wirtschaft, sondern an deren Charakterschwäche. Schauen wir in die Geschichte zurück, so blühte eine Kultur immer dann auf, wenn die unvergänglichen Werte gepflegt wurden. Vernachlässigte man diese, so begann der Untergang.

Unsere heutige Zeit versucht, mit vielen verderblichen Verführungen in unsere „innere Burg" einzudringen. Wenn wir darauf hereinfallen und alles kritiklos in uns hineinlassen, so sind wir verloren.

Das Beispiel des Trojanischen Pferdes möge uns bei unseren Entscheidungen im Alltag immer wieder warnend vor Augen stehen.

Manches Geschenk führt uns im Nachhinein ins Verderben.

***Ich prüfe stets sorgfältig,
was ich in mich hineinlasse.

Umsteigen

Wir alle kennen Situationen, in denen wir von bestimmten Gedanken und Gefühlen gefesselt werden. Es scheint uns, als säßen wir in einem Zug, aus dem es kein Aussteigen mehr gibt. Aber das ist nur eine Einbildung, die wir jederzeit verändern können.

Wenn wir wachsam und entschlossen sind, können wir immer wieder aussteigen. Sind wir hingegen nachlässig, dann verpassen wir die Chancen zum Ausstieg. Je länger wir auf unseren Gedanken und Gefühlen sitzen bleiben, umso aussichtsloser wird unser Weg in die Freiheit.

Am besten stellen wir uns, bevor uns Gedanken und Gefühle fesseln, gleich am Anfang vor, dass wir in einen anderen „Gedankenzug" umsteigen, der uns in eine hellere und freundlichere Geist-Landschaft befördert. Die Kunst ist, alte Gedankengeleise entschlossen zu verlassen und neue Weichen zu stellen. Das bedeutet stets Trennung und Neuanfang, und das fällt den meisten von uns sehr schwer. Wir kleben oft so zäh am Alten, dass wir glauben, davon nicht mehr loszukommen.

Wenn wir rechtzeitig den Punkt der Umstellung erfassen können, dann laufen unsere Gedanken und Gefühle ganz von selbst wieder in neue Bahnen. Dabei gilt es, energisch den Schlusspunkt hinter das Alte zu setzen und entschlossen neu anzufangen. Wer aus Bequemlichkeit lieber in alten Gedanken- und Gefühlszügen sitzen bleibt, wird irgendwo ankommen, wo er gar nicht hinwollte.

Es hängt letztlich von uns ab, ob wir uns rechtzeitig entscheiden, aus- und umzusteigen, um an das gewünschte Ziel zu gelangen. Dabei sollten wir bei aller Zielbewusstheit stets flexibel bleiben. Es gibt keinen Zug, in dem wir vom Anfang bis zum Schluss unseres Lebens sitzen bleiben können. Dabei würden wir nur einschlafen, und am Ende gäbe es ein böses Erwachen.

Der Alltag bietet uns allen immer wieder genügend Gelegenheiten, das Aus- und Umsteigen zu üben.

Wenn wir in unserem Leben das Aus- und Umsteigen vergessen, erreichen wir unser Ziel nicht.

***Ich werde nicht „sitzen bleiben", sondern rechtzeitig aus- und umsteigen.**

Urlaub im Alltag

Alljährlich kehren viele Urlauber nach Hause zurück und fühlen sich gestresster als vorher. Einige müssen sogar einen Therapeuten aufsuchen, andere ihren Arzt. Lange Auto- und Bahnfahrten, Flugreisen, Klimawechsel, Unverträglichkeit der Nahrung und vieles mehr haben den gesamten Organismus durcheinander gebracht. So mancher braucht das ganze übrige Jahr, um sich für den nächsten Urlaub wieder zu erholen. Ist das nicht verrückt?

Oft nehmen die Urlauber ihre ungelösten Probleme in den Ferienort mit, und deshalb nützt ihnen auch der ganze Tapetenwechsel nichts. Alles spielt sich ja in der alten gewohnten Kulisse ab. So mancher Daheimgebliebene amüsiert sich köstlich, wenn er all die Schauermärchen der Zurückgekehrten hört, und er fragt sich insgeheim: „Warum fahrt ihr eigentlich weg? Macht es euch doch daheim bequem und gemütlich, spart euer Geld und schont eure Nerven."

Ja, Urlaub machen ist auch eine Kunst, und es sollte möglichst alles passen. Es gibt vorher tausend Dinge zu bedenken, damit der Urlaub auch für jeden „maßgeschneidert" ist. Jugendliche verlangen meist nach Trubel, ältere Semester suchen Ruhe. Wenn alles stimmt, kann so ein Urlaub natürlich zu einem Gipfelerlebnis werden, das uns noch lange Zeit Energie schenkt.

Der Kluge versteht es, auch im Alltag Urlaub zu feiern. Er weiß, dass nicht die äußeren Umstände für Freude und Glück entscheidend sind, sondern der innere Zustand. Seine Einstellung erlaubt es ihm, immer und überall das Schöne und Gute zu entdecken. Schwierige Situationen nutzt er als Herausforderungen, und so wird das ganze Leben für ihn zum spannenden Abenteuer. Ständig genießt er die bunten Urlaubslandschaften seines Geistes und seiner Seele.

Johannes Fernando Finck schrieb: „Dein Stübchen, edler Geist, wird wahres Paradies, sobald dein Hang zur Welt dein Flatterherz verließ." Der große Philosoph Kant meinte sogar, dass er nicht zu seiner Haustüre hinausgehen müsse, um die Welt kennen zu lernen.

Nun, warum sollten wir nicht alles genießen, die Außenwelt und die Innenwelt? Eines Tages werden wir alle erfahren, dass nirgends die Sonne scheint, wenn wir nicht selbst zu einer Sonne geworden sind. Unser inneres Licht kann jedes Dunkel erhellen und alles verzaubern. Wir werden das Glück an keinem Ort der Welt finden, solange wir es nicht in uns gefunden haben.

Mit der rechten Einstellung kann man auch im Alltag Urlaub machen.
Wenn wir unsere innere Sonne entdeckt haben, so scheint sie überall.

*****Urlaub ist für mich nicht unbedingt ein Ort, sondern auch ein Zustand.**

Beflügelnde *Worte*

Du kannst Dich bestimmt an so manche aufbauenden Worte erinnern, die Dir wohlwollende Menschen geschenkt haben. Solche Worte wärmen und begleiten uns oft ein Leben lang. Immer wieder scheinen sie wie eine Sonne in unsere Lebenslandschaft hinein. Du erinnerst Dich aber auch an Worte, die Dir tiefe Wunden schlugen, die manchmal nicht zu heilen scheinen. Worte können beleben, sie können aber auch töten.

Wenn wir reifer werden, dann machen wir uns immer unabhängiger von den Meinungen unserer Mitmenschen. Nun können wir alles selbst wählen, was uns stärkt und beflügelt.

Ich möchte Dir drei Worte nennen, die mir schon seit vielen Jahren immer wieder in guten wie in schlechten Zeiten Kraft gaben. Sie heißen: „Lachen – Lieben – Lösen". Oder als Aufforderung ausgedrückt: „Lache – Liebe – Löse!" Als Abkürzung können wir „La-Li-Lo" singen. Wobei das „Lo" für „Loslassen, Loslösen" steht.

Dieses Kürzel klingt fröhlich und mutig. Wichtig ist dabei, dass wir diese Worte auch emotionalisieren und sie dann schließlich

realisieren. Wenn wir uns das zur Routine machen, wird sich unser Leben bald positiv verändern.

Mit diesen Worten entwickeln wir drei wertvolle Eigenschaften, die uns erfüllen: Lachen lässt den Humor erblühen, den ein Dichter einmal als die höchste Lebensanschauung für uns Menschen bezeichnete.

Liebe ist die Essenz des Schöpfers und seiner gesamten Schöpfung. Ein Leben ohne Liebe gleicht einem Leben ohne Sonne. Nichts kann gedeihen.

Für die meisten von uns ist das Nicht-Loslassen-Können ein großes Problem. Manche Krankheiten haben hier ihre Ursache. Man könnte Humorlosigkeit, Lieblosigkeit und Anhaften als psychische Seuchen unserer Zeit bezeichnen. Lachen, Lieben, Lösen ist Medizin gegen diese Zeitkrankheiten.

Wir können die drei Worte auch als „Rettungshubschrauber" benutzen, um uns notfalls über alles emporzuheben. Durch häufigen Gebrauch werden sie allmählich zu Affirmationen, zu Starkmachern und können eine Transformation einleiten.

Spiele mit den Worten wie Kinder mit ihren Bällen und lass Dich auf immer neue Weise beflügeln. Werde geistig trunken von „La-Li-Lo". Verwandle Dich selbst mit diesen Zauberworten, und die Welt wird sich ebenso verändern.

Worte haben eine ungeheure Kraft.
Wie Rettungshubschrauber können sie uns aus Schwierigkeiten
befreien.

*****Ich werde sorgfältig darauf achten,**
welche Worte ich wähle.

C. *Seele*

Die Seele ist der Zielhafen,
in den wir immer wieder heimkehren.
Wir sollten ihn nie aus den Augen verlieren.

Der *Atheist*

Der eigentliche Atheist ist der Mensch, der nicht an sich selbst glaubt. Diese Behauptung klingt für viele Gläubige wie eine Gotteslästerung. Sie stammt aber von Gott selbst.

Doch wie können wir an uns glauben, nachdem uns immer und immer wieder eingetrichtert worden ist, dass wir alle Sünder seien, bereits mit der Erbsünde geboren wurden, in Sünde leben und auch so wieder sterben werden? Der einzige Trost, der uns gegeben wird, ist, dass Christus für die Erlösung von unseren Sünden starb. Welch eine feine Ausrede für Faulenzer!

Wie wurde doch unser Herrgott von den menschlichen Institutionen oft missverstanden! Das ist die große, ja die größte Sünde, die in der gesamten abendländischen Geschichte begangen wurde. Dem Menschen wird so der direkte Zugang zu Gott verwehrt. Allerdings wird dem „Sünder" großzügig eine andere Lösung angeboten. Er kann sich den Zugang zu Gott „erkaufen".

Im Gegensatz dazu sah der Osten im Menschen nie einen Sünder, einen Abgesonderten von Gott, sondern ein Wesen, das bekannte: „So ham", d. h. „Ich bin er, ich bin Gott." Das ist dieselbe Feststel-

lung, die Christus in den Worten ausdrückt: „Ich und der Vater sind eins." Und er sagt uns im Johannesevangelium: „Ihr könnt dieselben Werke tun wie ich."

Gott schuf und erachtet uns als seine Ebenbilder, als seine Kinder, und nicht als Sünder. Ich sehe ihn bildhaft vor mir, wie er sich bei all den falschen Behauptungen die Haare rauft. Weiß er doch, dass dieses negative Selbstbild die Menschen zu bösen Gedanken und Taten animiert. Er sieht, wie seine Kinder durch seine weltlichen Vertreter auf diese Weise an den Rand des Abgrunds geführt werden.

Christus, Buddha, Krishna, Mohammed, sie alle haben den Menschen den rechten Weg gezeigt. Sie haben niemanden einen Sünder genannt oder gar verdammt. Das Gleichnis vom verlorenen Sohn zeigt uns wunderbar die Haltung Gottes als liebender Vater. Gott schenkt diesem verirrten Sohn seine ganz besondere Liebe.

Mögen wir alle große Fehler begangen haben, die in den Augen der Welt unverzeihlich scheinen, Gott liebt uns stets mit unvorstellbarer, nie versiegender Güte. Und so dürfen auch wir uns selbst lieben und an uns glauben. „Glaube an dich selbst, dann glaubst du an Gott", ruft er uns zu.

Nun verstehen wir den Satz „Der eigentliche Atheist ist der, der nicht an sich selbst glaubt" und wissen, dass es keine Blasphemie ist, sondern die eigentliche Wahrheit.

Niemand, auch nicht der Größte, kann uns den Weg zu Gott bahnen. Mit keinem Reichtum der Welt können wir uns Gott erkaufen. Der einzige Weg zu ihm führt über die Liebe, da er selbst Liebe ist und wir als seine Kinder ebenso Liebe sind.

Wenn Christus sagt: „Niemand kommt zum Vater denn durch mich", dann behauptet er das nicht aus religiöser Parteipolitik. Christus verkörpert ebenso wie alle anderen Stifter der Weltreligionen die Liebe. Und nur durch Liebe können wir mit Gott eins werden.

Der eigentliche Atheist ist der, der nicht an sich selbst glaubt.

*** **Ich will täglich an mich glauben.**

Aufgerichtet
zwischen Himmel und Erde

Wir Menschen sind zwischen Himmel und Erde aufgerichtet. Das Tier ist an die Erde gebunden, wir dagegen können uns erheben. Manche von uns fühlen sich mehr auf der Erde beheimatet, andere wieder mehr zum Himmel hingezogen.

Uns alle berührt der Vogelflug, und in unserer Fantasie erheben wir uns mit den Vögeln in höchste Höhen. Unsere Gedanken, Gefühle und Handlungen können uns hoch empor tragen, wenn sie uns und anderen keinen Schaden zufügen, sondern konstruktiv sind. Positives befördert uns augenblicklich nach oben, Negatives nach unten. Alles geschieht beinahe auf Knopfdruck wie bei einem Fahrstuhl.

Anderen Menschen Liebe und Güte zu schenken, trägt uns sofort empor, während wir nach unten befördert werden, wenn wir unsere Mitmenschen verletzen. Das Hängen am materiellen Besitz fesselt uns an die Erde, geistiges Streben hingegen trägt uns empor.

Allerdings sind wir nicht dazu auf der Erde, um uns in die Höhen zu flüchten und dort zu verstecken, sondern vielmehr, um Himmel und Erde, Höhe und Tiefe auszuloten und zu verbinden.

 118

Wir leben im Spannungsfeld zweier Pole, das im Tao Yin und Yang genannt wird. Es ist unsere Aufgabe, diese Spannungen in uns zu einer Einheit zu verbinden. Für manche ist dies eine Zerreißprobe, andere sehen darin eine Herausforderung, an der sie wachsen können.

Alles, was wir freudig akzeptieren, kann zu einer Transformation für uns werden. Verwandeln wir unser Leben zu einem grandiosen Flügelschlag, der Himmel und Erde verbindet, so gelingt es uns, alles zu vergeistigen und Wirklichkeit werden zu lassen. Mache Deinen Alltag zur Arena dieser Übungen.

Wir Menschen sind eingespannt zwischen Himmel und Erde und beziehen aus beiden Polen Kraft.

***Ich richte mich täglich zwischen Himmel und Erde auf.**

Ballonfahrt

Vielleicht hast Du schon einmal an einer Ballonfahrt teilgenommen. Wie herrlich ist es doch, immer höher und höher zu steigen und den Blick ständig erweitern zu können! Dabei erfährst Du aber auch, dass Du, je höher Du kommen willst, umso mehr Ballast abwerfen musst. Leichtigkeit ist der unabdingbare Preis für Höhe.

Auch im alltäglichen Leben müssen wir immer wieder vieles loslassen, was nicht unbedingt zu Erreichung unseres Zieles notwendig ist. Nimmt ein Bergsteiger unnützes Gepäck mit, so kann ihm das in schwierigen Situationen unter Umständen das Leben kosten. Er wird jedes Gramm an Essen und Ausrüstung, das er mitnehmen will, genauestens abwägen. Ebenso muss er auf sein eigenes Körpergewicht achten.

Das ideale Körpergewicht ist auch für „Nicht-Bergsteiger" wichtig. Übergewicht kann uns Jahre unseres Lebens kosten. Außerdem setzt es unsere Lebensqualität drastisch herab. Aber nicht nur unser Übergewicht kann eine starke Belastung darstellen. Auch Sorgen und Ärger machen uns das Leben schwer. Werfen wir dies alles über Bord, so steigt unsere Stimmung. Unsere Gesundheit bessert sich zusehends.

So, wie wir in jedem Augenblick immer wieder ausatmen, um neue Luft tanken zu können, so sollten wir ständig Altes, Unbrauchbares loslassen. Das heißt nicht, dass wir allen Herausforderungen, an denen wir wachsen können, aus dem Weg gehen dürfen. Wir sollten lediglich unnötigen Ballast, der uns nach unten zieht, abwerfen.

Dabei hilft uns die Einsicht, dass wir letztlich nichts besitzen und behalten können. Alles müssen wir wieder hergeben. Es bleibt uns schließlich nur, was wir sind, und nicht, was wir haben. Das Haben wird uns am Ende zum Ballast, das Sein hingegen wirkt als Auftrieb.

Nehmen wir die Vögel als Vorbild. Sie schweben, alles loslassend, hoch über uns. Auch der Wind kann uns Leichtigkeit lehren. Zuweilen hebt er etwas hoch und trägt es ein Stück seines Weges mit. Aber bald lässt er alles wieder los und saust frei dahin.

Praktiziere im Alltag immer mehr eine atemberaubende Ballonfahrt, indem Du allen unnützen Ballast loslässt und immer höher steigst. Je mehr Du abwirfst, umso mehr kannst Du den Aufstieg genießen, und ein bisher nie gekannter Zauber wird Dein Leben verwandeln.

Unnötigen Ballast abzuwerfen bedeutet letztlich Gewinn.

*** **Je mehr ich loslassen kann, umso höher kann ich aufsteigen.**

Gegensätze als *Ergänzungen*

Das Ganze ist das Heile und besteht immer aus Gegensätzen. Oft dauert es sehr lange, bis wir aus unserer so stolz gehüteten Einseitigkeit herausfinden. In der gesamten Schöpfung finden wir Gegensatzpaare wie Tag und Nacht, Sommer und Winter, hell und dunkel, männlich und weiblich. Im Tao stellen Yin und Yang ein umfassendes Gegensatzpaar dar.

Betrachten wir die Geschichte bis in die Gegenwart hinein, so haben sich bisher Gegensätze meist bekämpft. Jede „Partei" glaubt, im alleinigen Besitz der Wahrheit zu sein, und bezichtigt die andere des Irrtums. Diese Einstellung brachte und bringt uns unfassbares Leid.

Immer wieder tauchten in bestimmten Zeiträumen herausragende Persönlichkeiten auf, die uns eine ganz neue Schau vermitteln wollten. Karl Jaspers nennt sie „maßgebende Menschen". Christus, Buddha und Mohammed z. B. lehrten uns, Gegensätze als Ergänzungen zu sehen. Zu ihren Lebzeiten wurden sie verfolgt, weil die Menschen ihre alten Gewohnheiten nicht umstellen wollten. Posthum vergöttert man sie, pervertiert oft aber ihre Lehren.

Nachdem die Erde immer mehr zu einem globalen Dorf geworden ist, wird uns bewusst, dass uns Kriege nicht weiterbringen. Statt Auseinandersetzungen brauchen wir heute Zusammenarbeit. Wir alle können voneinander lernen, können einmal Lehrer und einmal Schüler sein. Was wir in einer guten Ehe erleben dürfen, nämlich, dass männliche und weibliche Gegensätze sich fruchtbar ergänzen, das können wir auch in immer größerem Umfeld bis hin zur Weltpolitik praktizieren.

Warum rüsten unsere Politiker immer mehr auf? Wir dürfen das nicht nur wenigen Personen in die Schuhe schieben. Jedes Volk hat immer die Politiker, die es „verdient". Bevor sich die Welt verändern kann, müssen wir uns selbst verändern.

Zunächst einmal gilt es, all die Gegensätze, die in uns selbst streiten, zu harmonisieren. Wir müssen das Ergänzende der Gegensätze schätzen und nutzen. Nehmen wir als Beispiel Ehrgeiz und Gelassenheit. Beides kann uns im Extremfall schaden. Zügeln wir aber zu starken Ehrgeiz mit einer gesunden Lässigkeit, so kann uns das zum Erfolg führen, ohne dass wir durchdrehen. Solche Gegensätze schenken uns immer eine entspannte Spannung, eine gesunde Mitte. Übermut bringt uns in Gefahr. Angst kann ebenso destruktiv sein.

Nachdem wir den inneren Kampf gewonnen haben, finden wir in unserer Familie ein großes Übungsfeld, um Gegensätze in Ergänzungen zu transformieren. Von hier aus gibt es immer weitere Bereiche für solche Harmonisierungen. Überall, wo wir gerade

sind, können wir das Gegeneinander in ein Für- und Miteinander verwandeln.

Entscheidend ist die Erkenntnis, dass wir ausnahmslos alle Gottes geliebte und gleichberechtigte Kinder sind. Bei aller Begabung haben wir unsere blinden Flecken. Jeder sieht und hört etwas anderes. Was dem einen leicht fällt, das bereitet dem anderen oft unüberwindliche Schwierigkeiten. Diese Einsicht legt uns nahe, keine weiteren Differenzen zu inszenieren, sondern unsere Potenzen zu addieren. Fangen wir also an. Es ist Zeit!

Wenn wir beginnen, Gegensätze als Ergänzungen zu erkennen und zu nutzen, wird sich allmählich der Frieden einstellen, den wir alle ersehnen.

*** **Ich werde in Gegensätzen**
Ergänzungen sehen.

Hans im *Glück*

Den meisten von uns erscheint „Hans im Glück" als ein Verrückter, weil er seinen Goldklumpen, eine Art „Millionen-Lottogewinn", einfach verschleudert. Im Märchen erfahren wir, dass er das Gold zunächst gegen ein Pferd, später gegen eine Kuh, diese gegen ein Schwein und das wiederum gegen eine Gans eintauscht. Zuletzt „versetzt" er diese gegen einen Schleifstein. Und auch diesen verliert er. Von seinem ehemaligen Reichtum bleibt ihm am Ende nichts.

Warum hat er sich immer wieder zu solch seltsamen Tauschgeschäften verführen lassen? Sein jeweiliger Besitz belastete ihn in zunehmendem Maße. Was ihm anfangs als Vorteil erschien, erwies sich später als nachteilig. Erst als er alles „verloren" hat, fühlt er sich endlich befreit.

Wer von uns hat das alles nicht auch schon so ähnlich erlebt. Was wir uns einst so sehnlichst wünschten, kann uns mit der Zeit zur Belastung, zur Fessel, ja zum Gefängnis werden. Immer wieder hören wir, dass die reichsten Menschen unter den schlimmsten Krankheiten leiden und schließlich die „Allerärmsten" sind. Wie

viele Lottomillionäre endeten in einer Katastrophe. Eines Tages werden wir alle erkennen, dass uns selbst goldene Fesseln nicht fliegen lassen.

Als Jugendliche wünschen wir uns oft nichts sehnlicher als einen Partner, eine Familie und Kinder. Doch eines Tages seufzen wir manchmal unter der Last, die wir uns aufgeladen haben. Viele wünschen sich dann den vorherigen Zustand zurück.

Großer Reichtum mag uns am Anfang viel Freude bereiten. Können wir uns doch plötzlich alles leisten. Aber mit den Jahren erkennen wir, dass uns das Vermögen immer mehr Nerven und Zeit raubt. Wir fühlen uns gefesselt. Viele von uns werden erst durch den Tod von all dem Flitterkram befreit, der uns einst als wertvoller Schmuck erschien.

Hans im Glück war sicher ein Weiser, der wie viele östliche Asketen auf seinen Besitz verzichtete, um frei zu sein. Der amerikanische Philosoph und Dichter Henry Thoreau lebte in einer kleinen, selbstgebauten Holzhütte und war sehr glücklich. Dort schrieb er sein berühmtes Buch „Walden". Buddha, der einstige Königssohn, verließ all seinen Reichtum, um sich selbst zu finden und uns den Weg zu zeigen.

Ich möchte mit meinen Betrachtungen niemanden dazu überreden, alles zu verlassen und in die Einsamkeit zu gehen. Warum sollten wir nicht eine Zeitlang all die Reichtümer genießen, die Gott uns lieh? Entscheidend ist letztlich unsere Einstellung dem Besitz ge-

genüber. Wenn wir ihn genießen, ohne uns an ihn zu binden, dann können wir unsere Freiheit bewahren.

Nur wenn wir uns durch nichts und niemanden fesseln lassen, können wir unsere Freiheit bewahren.

***Ich genieße meine Freiheit und lasse mich durch nichts und niemanden gefangen nehmen.**

Gott, unser bester Freund

Viele Jahre unseres Lebens suchen wir nach einem guten Freund. Oft glauben wir, nun endlich den richtigen gefunden zu haben. Aber eines Tages erleben wir wiederum eine Enttäuschung. Nie hätten wir das für möglich gehalten. Wir hätten dafür unsere Hand ins Feuer gelegt. Der große Menschenkenner Goethe stellte am Endes seines Lebens fest: „Glücklich, wer sich ohne Hass vor der Welt verschließt, einen Freund am Busen hält und mit dem genießt."

Wir verändern uns eben im Laufe unserer Entwicklung, und was einmal wunderbar harmonierte, strebt oft nach einiger Zeit auseinander. Was einmal so vertraut war, erscheint uns plötzlich fremd. Zuweilen meinen manche von uns, ohne einen bestimmten Menschen nicht mehr leben zu können, und scheiden aus dem Leben. Alle Religionen raten uns deshalb, Gott mehr als alles andere zu lieben. In Jeremias heißt es: „Verflucht ist der Mann, der sich auf Menschen verlässt; gesegnet ist der Mann, der sich auf Gott verlässt."

Gott rät uns immer wieder, dass wir allein zu ihm eine feste Bindung eingehen, zu den Menschen dagegen „freilassende" Beziehungen pflegen sollten. Wer dann eine menschliche Enttäuschung erfährt, den kann Gottes Liebe über alles hinwegtrösten. Gott ist das einzige Wesen, das uns um unserer selbst willen liebt.

Menschen hingegen lieben uns meist wegen unserer Fähigkeiten, wegen unseres Reichtums, unserer Schönheit etc.

Natürlich gibt es Ausnahmen. Es gibt die Seelenliebe von Menschen, die sich immer suchen und über Raum und Zeit immer wieder zusammenfinden. Allerdings ist das eine Seltenheit. Die meisten Liebesbeziehungen sind in gewisser Weise „Geschäftsbeziehungen", eine Art „Liebeshandel". Und wenn dieser keinen Gewinn mehr abwirft, dann wird er einfach aufgegeben.

Gott liebt uns völlig selbstlos. Er will uns nur geben und uns vor Gefahren warnen. Leider übersehen wir ihn lange Zeit unseres Lebens und vergessen seine Gebote, die uns schützen würden. Aber Gott rechnet uns das nicht an, da er weiß, dass wir aus Unwissenheit so denken und handeln.

Ein guter Vater ist seinen Kindern wegen ihrer Fehler, die aus Dummheit begangen wurden, nicht böse. Und so verzeiht Gott uns Menschen ohne Ausnahme immer wieder alles. Was wir auch angestellt haben, und da kommt in unserem Leben so einiges zusammen, Gottes Liebe umgibt uns stets. Das ist das Wunderbare unseres Lebens. Ich habe das immer wieder dankbar erfahren dürfen.

Menschliche Beziehungen enden oft mit Enttäuschungen. Gott wird uns nie enttäuschen.

*** **Mit Gott als bestem Freund kann ich alle Enttäuschungen überwinden.**

Das *Gralsgeheimnis*

Auf der Suche nach dem Heiligen Gral durchwanderten die Menschen seit Jahrtausenden Länder und Kontinente. Musiker und Dichter haben den Gral zuweilen in den Mittelpunkt ihrer Werke gestellt. Richard Wagner z. B. behandelte dieses Thema in seinen Opern „Lohengrin" und „Parsifal".

Aber alle Suche im Äußeren kann letztlich nie zum gewünschten Ziel führen. Christus weist uns den Weg, wenn er sagt: „Das Himmelreich ist inwendig in euch." Auch das Geheimnis des Grals können wir nur erschließen, wenn wir ihn in uns suchen und schließlich selbst zum Gral werden.

Wir können in jedes Gefäß unterschiedliche Inhalte gießen. Je nachdem, ob wir unser Leben mit Wertvollem oder Wertlosem füllen, werden wir es erhellen oder verdunkeln, werden wir entweder heil oder krank.

Das schöne Wort „Enthusiasmus" heißt „voll sein von Gott". Füllen wir uns auf diese Weise, so werden wir selbst zum Heiligen Gral, der Gutes enthält und ausstrahlt. Jeden Augenblick entscheiden wir, was wir aufnehmen oder ausschließen wollen.

In heiligen Schriften lesen wir immer wieder, dass wir Menschen ein Tempel Gottes oder des Heiligen Geistes sind. Der Tempel ist ein anderes Bild für den Gral. Beides ist eine Form, in die wir unsere Inhalte gießen.

Angelus Silesius sagte: „Und wäre Christus tausendmal in Bethlehem geboren und nicht in dir, so wärest du dennoch verloren." Christus in uns ist ein weiteres Bild für den Gral, den wir verkörpern können. Immer, wenn wir licht und liebevoll sind, wirkt Christus in uns und Gott durch uns. Dann werden wir zum Heiligen Gral, als der wir von unserem Schöpfer wesensmäßig erschaffen wurden.

Das Gralsgeheimnis können wir nur in uns erschließen. Suchen wir im Äußeren, so verirren wir uns und geraten in Abhängigkeit.

*** **Heute achte ich darauf, ein Gefäß für das Gute zu sein.**

Himmlische Helfer

Wenn wir glauben, alles alleine erledigen zu müssen, dann können wir eines Tages unter dieser Last zusammenbrechen. In vielen Fällen ist menschliche Hilfe notwendig. In schwierigen Situationen aber brauchen wir unbedingt die Unterstützung der geistigen Welt. Gott und seine himmlischen Heerscharen warten nur darauf, uns beizustehen, wenn wir es wünschen und wenn wir niemandem Schaden zufügen wollen.

Solange wir anderen Menschen mit leidenschaftlichen Gefühlen zugetan sind, vergessen wir meistens Gott. Aber wie schnell wird aus Liebe Hass! Dieser bindet uns dann ebenso wie vorher die Liebe an diese Menschen. Ständig beschäftigen wir uns in unserem inneren Dialog mit ihnen und finden kaum mehr Zeit, unsere Aufgaben zu lösen.

Die Ratschläge von Therapeuten sind manchmal unbrauchbar, da sie selbst oft ihre eigenen Probleme nicht lösen können. Um aus den Sackgassen herauszukommen, müssen wir uns in andere Bewusstseinsebenen begeben. Von dort aus überschauen wir dann alles viel besser.

Als ich mich in ähnlichen Situationen befand, wandte ich mich nach genügend fruchtlosen Erfahrungen immer mehr an Gott. Er spricht stets durch die innere Stimme zu uns. Allerdings hören wir ihn in unserer lärmverseuchten Zeit meistens nicht. Nachdem ich Gott und meine innere Stimme wieder gefunden hatte, bekam ich folgenden Rat:

„Übergebt mir eure Sorgen und Nöte, und nehmt von mir Glück und Zufriedenheit. Wenn ihr mit bestimmten Menschen Probleme habt und euch gegenseitig aufreibt, so übergebt mir diese Menschen. Ich kenne und liebe euch alle und werde jedem von euch gerecht. Vielleicht kommt ihr später wieder einmal zusammen, wenn die Zeit dafür reif ist und ihr euch weiterentwickelt habt. Niemandem von euch aber steht es zu, einen anderen zu beurteilen oder gar zu verurteilen. Ihr kennt euch selbst kaum. Wie wollt ihr dann eure Mitmenschen verstehen?"

Nachdem ich viele kraftraubende Erfahrungen durch Verstrickungen mit anderen Menschen machte, befolge ich nun immer mehr Gottes weise Ratschläge. Bei aller Sympathie halte ich stets eine gewisse Distanz in menschlichen Beziehungen. Gibt es dennoch Schwierigkeiten, dann vermeide ich nach Möglichkeit Auseinandersetzungen und übergebe alles Gott. So bleiben mir und anderen Menschen Verletzungen, Energie- und Zeitverluste erspart.

Wir müssen uns davor hüten, zu glauben, dass wir immer im Recht seien, dass nur wir im Besitz der Wahrheit sind. Unser Ego will das

natürlich nicht einsehen. Deshalb ist es am besten, wir wenden uns an Gott. „Wendet euch zu mir, und ihr werdet selig", heißt es in der Bibel.

Man muss aber nicht unbedingt ein gläubiger Mensch sein, um einen vernünftigen Weg zu finden. Unser gesunder Menschenverstand, an dem es uns oft mangelt, rät uns Ähnliches. Eine gute Lösung liegt immer im Abstandnehmen und Schweigen und im Absehen von Groll und Hass.

Zur Lösung unserer Probleme brauchen wir bisweilen die Hilfe der geistigen Welt.
Gott und seine Engel unterstützen uns gerne, wenn wir sie darum bitten.

*****Ich werde immer mehr auf die innere Stimme hören, durch die Gott zu mir spricht.**

Jahreszeiten

Die Jahreszeiten können uns Wichtiges über die verschiedenen Abschnitte unseres Lebens lehren.

Die Jugend gleicht dem überschwänglichen Frühling, wenn alles in Hülle und Fülle sprießt. Es ist eine Zeit maßlosen Überflusses. Doch wie schnell geht diese üppige Blütezeit vorbei, und der Sommer mit seiner oft unerträglichen Hitze zieht ins Land.

Auch in unserem Lebenssommer geht es oft recht hitzig zu, sowohl im privaten als auch im beruflichen Leben. Wehmütig denken wir dann an die vergangenen Frühlingstage zurück. Der Sommer bringt uns aber auch die ersten Früchte unserer Arbeit. Wir ernten, was wir gesät haben. Wir genießen Glück und Erfolg.

Mit einem lachenden und einem weinenden Auge begrüßen wir bald den Herbst, der die Hitze mildert und uns so manche schwer gewordene Last abnimmt. Auf der anderen Seite lassen unsere Kräfte nun manchmal nach, und wir können uns nicht mehr alles erlauben, was im Frühling und Sommer möglich war. Und doch erinnern uns die Herbstblätter in ihrer Farbenpracht noch einmal an die bunten Frühlingsblüten.

Und eines Tages, schneller als wir denken, steht der Winter mit Schnee und Eis vor der Tür. Die Natur zieht sich in sich zurück und regt auch uns dazu an, in uns zu gehen. Nun lockt uns vieles nicht mehr, was uns einst reizte.

Manche haben in ihrer Jugend einiges versäumt und legen als „Spätzünder" im Herbst oder Winter erst richtig los. Allerdings bringt das in den seltensten Fällen das ersehnte Glück, denn alles hat eben seine Zeit. Was uns vielleicht mit zwanzig großen Spaß gemacht hätte, schmeckt und bekommt uns mit vierzig oder gar sechzig nicht mehr. Die Zeiten ändern sich, und wir ändern uns mit ihnen.

Die Jahreszeiten lehren uns beispielhaft, wann die Zeit zum Säen, Reifen und Ernten ist. Wenn wir bereit sind, von der Natur zu lernen, dann haben wir die größten Chancen, ein gesundes, glückliches und erfolgreiches Leben zu führen.

Die Jahreszeiten erteilen uns wichtige Lehren für unsere Lebensplanung und Lebensführung.
Für alle unsere Unternehmungen, ob beruflich oder privat, ist der richtige Zeitpunkt von entscheidender Bedeutung.

****Ich plane mein Leben im Einklang mit den Jahreszeiten.*

Meine Begegnung mit dem *Jenseits*

Eine schwere Krankheit brachte mich eines Tages an den Rand des Todes. Für kurze Zeit durfte ich das „jenseitige Ufer" schauen. Mit meinem Schutzengel schwamm ich hinüber. Wir waren beide körperlos und bestanden lediglich aus einem energetischen Feld, das die äußere Form eines Körpers hatte.

Mein Schutzengel sprach mit mir über meinen weiteren Weg und fragte mich, ob ich noch einmal ins Leben zurückkehren oder es beenden wolle. Da ich spürte, dass ich meine Aufgaben noch nicht erledigt hatte, wünschte ich mir, noch einmal zurückkehren zu dürfen. Der Tod wäre mir als Flucht und Feigheit erschienen. Gleich nach meiner Rückkehr fing ich an, ein Buch zu schreiben, das inzwischen schon vielen Menschen geholfen hat.

Als ich auf dem Weg nach drüben war, empfand ich keinerlei Angst. Ich war ja nicht allein. Mein Schutzengel wich nicht von meiner Seite, und wir konnten uns wortlos unterhalten. Ich spürte seine Liebe, und Gott schien mich als warmes Element von allen Seiten zu umgeben.

Die Angst vor dem Tod ist völlig unbegründet. Viele Menschen, die schon drüben waren und wieder zurückgekehrt sind, berichten über ein angenehmes Erlebnis. Allerdings möchte ich keine Sehnsucht nach dem Tode wecken. Es gibt ja viele Menschen, die im Leben nicht zurechtkommen und sich deshalb nach drüben sehnen und flüchten.

Das Leben ist ein großes Geschenk und ein herrliches Abenteuer, das uns unglaubliche Entwicklungschancen bietet, die wir nicht versäumen sollten. Der Tod ist nach einem Leben, in dem wir unsere Aufgaben erfüllt haben, eine wundervolle Erlösung. Nach hartem Lebenskampf bietet er uns eine Zeit zum Ausruhen. Leben und Tod verhalten sich wie Tag und Nacht. In der Nacht ruhen wir uns von des Tages Mühen aus. In einem Lied von Robert Schumann heißt es: „Der Tod, das ist die kühle Nacht, das Leben ist der schwüle Tag."

Keinesfalls sollten wir die Tür zum Tod gewaltsam aufstoßen. Sie wird sich uns ganz automatisch öffnen, wenn unser Leben erfüllt ist. Ich möchte allen raten, das Leben wirklich voll auszuschöpfen und erst dann dem Tod freudig in die Arme zu sinken.

Wir dürfen Leben und Tod genießen.
Beides sind Geschenke unseres Schöpfers.

*** **Ich genieße mein Leben und freue**
mich dann auf den Tod.

Lachen – Lieben – Lösen

„Und die Welt hebt an zu singen, triffst du nur das Zauberwort", schrieb Eichendorff. Mit „Lachen, Lieben, Lösen" haben wir gleich drei Worte, die unser Leben verwandeln können, wenn wir sie auch praktizieren. Sie bilden wichtige Tugenden. Lachen stärkt uns, Lieben heilt uns und Lösen führt uns vom Haben zum Sein.

Im Allgemeinen sind wir viel zu ernst und vergessen, dass das Leben im Grunde Freude und Spiel ist. Es ist wichtig, dass wir lernen, über uns selbst zu lachen, über unser Ego, unsere Dummheiten und Wichtigtuereien. Andere auszulachen ist primitiv und verletzend. Meist haben wir bisher nur dann gelacht, wenn es uns gut ging. Aber wir können auch ins Weinen hinein lachen; dann geht die Sonne immer wieder auf. Lachen bedarf keines besonderen Grundes. Freuen wir uns einfach über all das Gute, das uns täglich zuteil wird. Seien wir dankbar für unsere Gesundheit, für unsere Beziehungen und für all das, was wir so oft übersehen.

Tao Yoga lehrt das innere Lächeln. Wir können unseren einzelnen Organen zulachen. Sie arbeiten dann viel bereitwilliger und intensiver. Oft beschweren wir uns, dass uns niemand zulacht. Das können wir mit dem inneren Lächeln nun selbst tun.

Geliebt zu werden und lieben zu dürfen ist das höchste Glück. Leider machen wir aus unserer Liebe oft ein Geschäft, das lediglich unserer eigenen Bedürfnisbefriedigung dient. Echte Liebe ist bedingungslos und will geben. Wer so lieben kann, wird schließlich am reichsten beschenkt. Es mag sein, dass man bisweilen enttäuscht wird, aber auf lange Sicht wird jeder bedingungslos Liebende gesegnet sein. Während die „Geschäftsliebe" irgendwann zu einem Fluss wird, der austrocknet, erweist sich die bedingungslose Liebe als eine nie versiegende Quelle. Albert Schweitzer, Mutter Teresa und viele Unbekannte haben uns das vorgelebt.

Nur die Liebe kann unser persönliches Leben und das Leben auf unserer Erde heilen. Einen anderen Weg gibt es nicht. Gott hat die Welt aus seiner Liebe heraus für die Liebe geschaffen. Wir Menschen haben diese Harmonie aus Machtgründen gestört, ja beinahe zerstört. Doch wenn wir zur Liebe heimkehren, ist eine Rettung möglich. Es ist nun höchste Zeit, Macht gegen Liebe einzutauschen. Dann wird der geschichtliche Winter einem langen Frühling weichen.

Eines meiner Hauptprobleme in meinem Leben war das Nicht-loslassen-Können. Die meisten Menschen beißen sich an diesem Problem die Zähne aus. Leider vergessen wir immer wieder, dass all unser Besitz nur eine Leihgabe ist.

Wir dürfen alles genießen, um es dann wieder froh und dankbar ab- und weiterzugeben. Das gelingt uns umso besser, wenn wir wissen, dass die beste Zeit immer vor uns liegt, dass wir vom

Leben Größeres und Wertvolleres bekommen, wenn wir das Alte loslassen. Viele können sich nicht vom Leben trennen, weil sie Angst vor dem Tod haben. Diejenigen, die schon „drüben" waren, berichten uns, welches Geschenk der Tod für sie war.

Unser Schöpfer hat es so eingerichtet, dass wir beim Loslassen immer Wertvolleres aus seiner Hand erhalten. Aber wie soll uns das Neue zuteil werden, wenn wir uns krampfhaft an das Alte klammern? Lachen, Lieben, Lösen – welche Zauberworte für unser Leben, für schöne und für schwere Stunden! Es sind Worte, mit denen wir alles bewältigen, mit denen wir uns über alles erheben können.

Mit den drei Zauberworten „Lachen, Lieben, Lösen" verfügen wir über ein machtvolles Instrumentarium für unser Leben.

***Mit Humor, Liebe und Loslösung verleihe ich meinem Leben besonderen Glanz.**

Liebe statt Angst

Die schlimmste Krankheit unserer Zeit ist die Angst. Sie löst unsagbar viel Leid aus und zeigt uns, dass wir uns von Gott entfernt haben. Angst ist durch kein Medikament und durch keine Therapie zu heilen, solange wir nicht wieder zur Liebe heimfinden. Lieben wir bedingungslos, so sind wir automatisch mit Gott verbunden, auch wenn wir ihn nicht beim Namen nennen.

Zwar versuchen wir unsere Ängste durch allerlei Versicherungen zu beschwichtigen. Wir versichern unseren Besitz, unsere Gesundheit und vieles mehr. Aber das bleibt letzten Endes alles erfolglos. Durch keine Tricks entkommen wir dem obersten Gebot der Liebe. Sie ist der einzige Schutz.

Allein die Liebe hält Körper, Geist und Seele gesund. Verlassen wir das Schutzgebiet der Liebe, so sind wir vielen Gefahren ausgesetzt. Das Gebiet außerhalb der Liebe ist, um es mit einem Wort aus dem Kriegsgeschehen auszudrücken, überall vermint. Oft geht alles zwar einige Jahre gut, aber irgendwann holt uns das Schicksal ein.

Als kleine Kinder griffen wir gerne nach den Händen unserer Eltern, wenn uns Angst überkam. So fühlten wir uns gleich geborgen.

Im Erwachsenenalter überfallen uns oft noch größere Ängste. Wir befürchten, unseren Job, unseren Partner, unsere Kinder zu verlieren. Doch nur wenn wir lieben und die Hand Gottes ergreifen, verlieren wir alle Angst. Was kann uns schon passieren, wenn die größte Macht, die Allmacht, uns beschützt, ja auf Händen trägt.

Das einzige, auf das wir uns im Leben wirklich verlassen können, ist Gott. Unsere Freunde und Bekannten können uns jederzeit im Stich lassen oder sterben. Auf Gott können wir immer bauen. Und der Weg, der zu ihm führt, ist die Liebe, aus der alles Gute entspringt. Nur durch Lieben können wir die Angst besiegen. Gerald G. Jambolsky schrieb ein Buch mit dem Titel „Lieben heißt die Angst verlieren".

Nur die Liebe kann uns von der Angst befreien.
Die Quelle aller Liebe ist Gott.
Aus ihr können wir immer schöpfen.

*****Ich werde mich in Liebe üben,**
um mich von Angst zu befreien.

Alles ist möglich

Immer wieder begegnen wir diesem vielversprechenden Satz. Manche Tiere können zwar Leistungen vollbringen, zu denen wir nicht fähig wären. Doch nur der Mensch hat die Möglichkeit, alles zu verwirklichen.

Es liegt alles in unserer Hand, nichts aber fällt uns in den Schoß. Wir sind aufgefordert, unsere Gaben als Aufgaben zu erkennen und zu entfalten. Es gilt, Kopf, Herz und Hand, Denken, Fühlen und Handeln zu entwickeln und auf ein Ziel auszurichten. Wie überall hat auch hier alles seinen Preis. Christus sagte: „Alles ist möglich dem, der da glaubt." Und wir können ergänzen: „... dem, der handelt."

Unser Glaube ist als felsenfester Glaube zu verstehen, der keinem Zweifel Raum gibt. Es ist ein Glaube, der die Realität schon vorwegnimmt. Der Gläubige lebt bereits in der Erfüllung seines Wunsches.

Meist verstehen wir unter Glaube nur ein ungenaues, vages Vermuten, auf das man sich nicht verlassen kann. Solcher Glaube hat natürlich nicht die Kraft, etwas zu ermöglichen. Überzeugter Glaube führt automatisch zu ununterbrochenem Handeln. Es wird

alles getan, was möglich ist, da wir ja felsenfest davon überzeugt sind, dass wir unsere Energie nicht „in den Sand setzen". Wir wissen, dass sich der Einsatz lohnt, und handeln entsprechend.

Glauben und Handeln sind die beiden Flügel, die uns dem gewünschten Ziel entgegentragen. Mit nur einem Flügel können wir nicht fliegen. Schon Goethe drückte das ähnlich aus, indem er meinte, wir sollten Denken und Tun eng miteinander verknüpfen. Wörtlich sprach er vom „Denken am Tun und Tun am Denken".

Auf allen Gebieten des Lebens hat es immer Menschen gegeben, die Unmögliches möglich gemacht, die Wunderbares geleistet haben – und das meist unter den allerschwierigsten Umständen. Lesen wir über sie nach, dann entdecken wir, dass ihre beiden wichtigsten Werkzeuge unerschütterlicher Glaube und unermüdliches Handeln waren.

Jedem von uns steht beides ebenso zur Verfügung, und jeder von uns kann mit diesen „Wundermitteln" Unmögliches möglich machen. Dass das nicht für alle Menschen gelte, sind lediglich faule Ausreden.

Glauben und Handeln sind die beiden „Werkzeuge", mit denen wir alles verwirklichen können.

***Ich handle in dem festen Glauben,**
dass alles möglich ist.

Gedanken zum Osterfest

Das traditionelle Feiern des Osterfestes erinnert mich immer wieder an das Aufwärmen alter Speisen. Wir wissen, dass aufgewärmte Speisen ungesund, manchmal geradezu giftig sind. Mir wird es immer ganz flau in der Magengegend, wenn ich an all das „Aufgewärmte" denke, das wir schon „verdauen" mussten.

Ich möchte hier keinesfalls das Kind mit dem Bade ausschütten. Die großen Feste sind nicht nur für clevere Kaufleute notwendig. Feste – richtig verstanden und begangen – können für uns alle wegweisend sein. Das Nachbeten alter Formen jedoch stumpft uns nur noch mehr ab.

Das Leben Christi mit Tod und Auferstehung sollte auch unser Leben erneuern. Wir müssen unsere schlechten und selbstzerstörerischen Verhaltensweisen ersterben und neue, lebensfördernde Eigenschaften auferstehen lassen. So wie wir beim Opfern des Osterlammes immer wieder dazu angeregt werden, den anderen für uns leiden zu lassen – in diesem Fall das Lamm –, genauso sind wir gewohnt, Christus unsere Sünden aufzubürden, um uns nur ja nicht ändern zu müssen.

Es geht aber nicht um das Opfern des Osterlammes, sondern vielmehr um das Opfern unserer schlechten Eigenschaften, die uns und anderen schaden. Christus wollte nicht ein Heer von Faulenzern heranziehen, sondern Menschen, die an sich selbst arbeiten, bis sie seinen Auftrag erfüllt haben: „Werdet also vollkommen, gleich wie euer Vater im Himmel vollkommen ist." Mit seinem Wort aus dem Johannes-Evangelium ermächtigt er uns selbst ausdrücklich zu dieser Aufgabe: „Ihr könnt dieselben Dinge tun wie ich und sogar noch größere."

Das Feiern vieler Feste erscheint mir öfter einer Ohnmachtserklärung zu gleichen als unserer Selbstermächtigung. Wir werden aufgefordert, von äußeren Autoritäten Erlösung zu erwarten, statt sie uns selbst zu erarbeiten. Gott selbst hat uns die Kraft zur eigenen glücklichen und erfolgreichen Lebensführung gegeben, und er will, dass wir diese Macht an keine menschliche Autorität abgeben. Wer uns diese Macht absprechen will, der tut das aus egoistischen Motiven. Christus hat uns vorgelebt, was ein Sohn Gottes ist, und zur Nachfolge aufgerufen.

Wir sollten uns also zum Osterfest immer wieder einmal fragen, welche alten zerstörerischen Verhaltensweisen wir ablegen und welche lebensfördernden wir einüben wollen. So wird für uns Christus zum Heiland, und unser Leben wird heil werden.

Jedes Jahr kann uns das Osterfest neue, lebensspendende Impulse geben.

Was unser Leben stört und zerstört, sollten wir ablegen und ersterben lassen.

Christus wollte uns zu eigenem Tun anregen, nicht zur Abgabe unserer Verantwortung und Macht.

*****Ich werde heute selbstzerstörerische Verhaltensweisen ablegen.**

Welle und *Ozean*

Isaac Newton sagte einmal: „Das, was wir wissen, ist ein Tropfen; das, was wir nicht wissen, ist ein Ozean." Diese Aussage zeigt uns die Demut eines großen Wissenschaftlers. Natürlich gibt es größere und kleinere Tropfen, aber auch der größte Tropfen ist winzig gegen den unermesslichen Ozean.

Ich möchte das Bild vom Tropfen und Ozean ein wenig abwandeln. Für den Tropfen setze ich die Welle ein. Damit können wir nun verschiedene Vergleiche anstellen.

Die Welle ist sehr vergänglich, auch wenn sie sich noch so gewaltig aufbäumt. Der Ozean hingegen ist unvergänglich. Er bringt ständig neue Formen hervor, die kommen und gehen. So können wir die Menschen als Wellen betrachten, die entstehen und vergehen, und Gott als den Ozean, der ewig bleibt, alles ins Leben ruft und wieder aufnimmt.

Dieser Vergleich kann uns sehr viel klar machen. Zum einen, dass Mensch und Gott eins sind und zusammengehören und dass sie von derselben Substanz sind. Zum anderen aber zeigt er uns das

rechte Größenverhältnis zwischen Mensch und Gott und lehrt uns somit Demut und Bescheidenheit.

Gott ist nicht auf den Menschen angewiesen, ist nicht abhängig von ihm. Wohl aber ist der Mensch von Gott abhängig. Der Ozean kann zwar ohne Wellen sein, die Welle aber kann nur im Zusammenhang mit dem Ozean existieren.

Betrachten wir die Biographien großer Persönlichkeiten, dann fällt uns auf, dass alle diejenigen langanhaltenden Erfolg hatten, die stets großen Glauben und Gottvertrauen zeigten. D. h., ihre Lebenswelle war mit dem göttlichen Ozean verbunden. Aus ihm schöpften sie ihre Kraft. So überwanden sie auch die unglaublichsten Schwierigkeiten und hielten beharrlich durch, wo andere längst aufgegeben hätten.

Betrachte ich einmal mein Leben, so erkenne ich, dass ich immer dann Misserfolge hinnehmen musste, wenn ich mich als Welle vom Ozean trennte, wenn ich mich von Gott abwandte. Verband ich mich jedoch mit dem Schöpfer, so durfte ich Erfolge erleben. In unserem Haus können wir auch nur dann all die Annehmlichkeiten des elektrischen Stroms genießen, wenn alles ans Stromnetz angeschlossen ist.

Christus sah das Verhältnis von Gott und Mensch sehr klar, wenn er sagte: „Nicht ich tue die Werke, sondern der Vater tut die Werke durch mich." Oder er sagte: „Ich und der Vater sind eins." Seine Worte umschreiben treffend das Bild von Welle und Ozean.

Wenn wir glauben, verbindet sich die Welle mit dem Ozean.

***Durch den Glauben verbinde
ich mich mit Gott.**

Wir sind nicht die *Regisseure*

Selbst wenn der Schauspieler noch so grandios in seiner Rolle glänzt, er spricht und spielt nur das, was der Regisseur ihm aufgetragen hat. Die Handlung, der Ablauf, die Regie, alles liegt nicht in seiner Hand.

Leider vergessen wir Menschen oft, dass auch wir im Leben nicht Regie führen, sondern lediglich eine bestimmte Rolle spielen. Manchmal mag es zwar scheinen, dass einige „große" Persönlichkeiten die Weltgeschichte verändern. Aber das stellt sich früher oder später immer wieder als Täuschung heraus. Auch die Mächtigen betreten und verlassen die Bühne des Lebens nach dem Plan des großen Regisseurs, der unsichtbar hinter allem wirkt.

Viele von uns haben sich so manche Jahre ihres Lebens auch als Regisseure oder zumindest als Regieassistenten gefühlt. Es fehlte uns oft an Bescheidenheit – wir wussten nicht Bescheid. Aber mit den Jahren erkannten wir immer deutlicher, wer letztlich der „Boss" ist.

Wir können lediglich unsere Rolle spielen. Allerdings haben wir die Möglichkeit, sie gut oder schlecht zu gestalten. Gut spielen wir

immer, wenn wir in unserem Leben einen wertvollen Beitrag für die Gemeinschaft leisten. Heute ist es üblich, möglichst viel aus einer Sache für sich selbst herauszuholen. Wir fragen uns immer wieder: „Was bringt mir das?" Aber am Ende sehen wir ein, dass es nicht darauf ankommt, was wir nehmen, sondern was wir geben.

Die großen Werke von Kunst und Wissenschaft sind meist die Früchte eines entsagungsvollen Lebens. Oft waren ihre „Schöpfer" arm und verachtet. Ihre Lebensarbeit vermachten sie großzügig der Nachwelt. Das war ihr Teil, ihre Rolle, die ihnen von der Schöpfung zugedacht war. Wenn wir unsere „Lebens-Rolle" erkannt haben und wenn wir sie mit Hingabe spielen, dann wird unser Leben voller Freude sein. Wir kämpfen nicht mehr gegen Unvermeidbares, sondern sind zufrieden. Wir führen uns nicht mehr als große Weltverbesserer auf, sondern spielen bescheiden unseren Part. Eine große Last fällt von unseren Schultern. So werden wir auch allen anderen, die ihrer Aufgabe gerecht zu werden versuchen, mit Achtung entgegenkommen.

In unserer Zeit spielen sich viel zu viele Menschen als Regisseur auf und dabei vergessen sie, ihre Rolle auszufüllen. Manchmal glauben wir, unseren Part gegen einen anderen austauschen zu müssen. Wir fühlen uns nicht mehr wohl in ihm und meinen dann, dass uns diese „Kleider" zu eng geworden sind. In gewissen Fällen mag das stimmen. Das darf aber nicht zu einer Flucht führen, sondern sollte immer einer Weiterentwicklung dienen. Meistens wurde uns unsere Aufgabe auf den Leib geschrieben. Mit ihr können wir uns selbst und auch den anderen das Beste geben.

Seitdem ich meine „Regie-Ambitionen" aufgegeben habe und lediglich meine Rolle zu spielen versuche, fällt mir das Leben wesentlich leichter. Ich habe mehr Zeit und Energie für die Arbeiten, die mir aufgegeben sind. Überprüfe einmal, ob Du vielleicht zu oft Regisseur spielen willst oder ob Du Deine Rolle als Schauspieler ausfüllst.

Wenn wir meinen, dass wir für alles als „Regisseure" verantwortlich seien, dann übernehmen wir uns.
Wir sind nicht die Regisseure, sondern Schauspieler, die der große Regisseur einsetzt.
Diese Erkenntnis entlastet uns und gibt uns die Kraft, unsere Rolle gut zu spielen.

*** **Ich konzentriere mich stets**
auf meine Aufgabe.

Rhythmen des Lebens

D as Meer mit Ebbe und Flut fasziniert uns immer wieder. Es lässt uns den Rhythmus des Lebens spüren, der alles durchdringt und dem sich auf Dauer niemand entziehen kann. Dieser Rhythmus lehrt uns, dass jeder Gedanke, jedes Wort, jedes Gefühl eines Tages zu uns zurückkehren. Viele betrachten das dann als puren Zufall. Aber solche Zufälle gibt es eben nicht, sondern es fällt uns das zu, was wir einst aussandten.

Dieses Gesetz funktioniert mit derselben Zuverlässigkeit wie das Aufnehmen einer Stimme auf ein Tonband. Viele sind beim Anhören ihrer Tonbandstimme ganz entsetzt und können gar nicht glauben, dass sie nun sich selbst hören. Alle anderen Zuhörer aber erkennen die Stimme ganz deutlich. Das Gerät „spiegelt" haargenau ohne jede Veränderung die Stimme wieder. So meinen wir, in unserem Leben vieles nicht verdient zu haben, und doch sind allein wir die „Auslöser" dafür. Das Meer lässt uns dieses Gesetz wortlos erleben.

Auch unser Atem funktioniert nach dem gleichen Rhythmus von Ein und Aus. Wir alle verursachten in vielen Jahrzehnten, dass wir nun die immer schlechter werdende Luft einatmen, die unsere Industrie „ausatmet". Auch hier ernten wir, was wir säten.

Wie konnten wir das alles nur zulassen!? Kurzsichtige Machtinteressen haben uns blind für diese Art von Saat und Ernte werden lassen. Betrachten wir so manche Erscheinungen in unserer politischen Welt, in der Wirtschaft, im Sport und im Gesundheitswesen, dann entdecken wir überall, dass wir lange geistig blind waren. Doch allmählich wachen wir immer mehr auf.

Nicht nur das Meer möchte uns in seinen Rhythmus hineinnehmen, sondern die gesamte Natur. Aber was tun wir? Wir schalten unsere Beleuchtung ein und machen die Nacht zum Tag. Kein Wunder, wenn uns die Schlaflosigkeit plagt und Schlaftabletten zur „Ausrüstung" des Normalbürgers gehören.

Alle Tiere fressen mäßig. Kein Tier in freier Wildbahn muss zum Tierarzt wegen Gewichts- und Verdauungsproblemen. Wir aber essen viel zu oft, viel zu viel und dazu noch das Falsche.

Herzrhythmusstörungen sind eine weit verbreitete Krankheit. Kein Wunder, denn wir verlassen aus Bequemlichkeit und Genuss die gesunden Rhythmen der Natur. Auf lange Sicht verursacht das immer Leid. Alles gerät bei uns allmählich aus dem Rhythmus: die Atmung, das Herz, die Verdauung, Ruhe und Arbeit. Man könnte sagen, unser ganzes Leben leidet an Rhythmusstörungen.

Probiere es doch nach Möglichkeit einmal aus, bei einbrechender Dunkelheit schlafen zu gehen. Finde einen ruhigen, tiefen Atemrhythmus, halte Deine Essenszeiten pünktlich ein und setze nicht noch unnötige Mahlzeiten drauf, sorge für einen regelmäßigen

Stuhlgang. Du meinst vielleicht, das seien unbedeutende Kleinig-keiten. Nun ja, das dachte ich auch einmal. Heute weiß ich, dass davon unsere Gesundheit und unser Glück abhängen.

In ganz jungen Jahren können wir Rhythmusstörungen noch leichter ausgleichen, aber ab einem gewissen Alter wird es immer schwieriger. Und eines Tages ist manches nicht mehr reparabel. Am besten ist es für uns, wenn wir uns schon sehr früh dieser Rhythmen bewusst werden und nach ihnen leben.

Die gesamte Natur ist in die großen geistigen, rhythmischen und harmonischen Gesetze eingebunden. Deshalb tut es uns so gut, sich in ihr aufzuhalten. Ohne uns belehren zu wollen, erzählt sie uns überall vom gesunden Rhythmus.

Jeder Bauer kennt und respektiert das Gesetz von Saat und Ernte.
Auch unsere Gedanken, Worte und Handlungen sind ein Saatgut, dem eine entsprechende Ernte folgt.

***Ich achte heute auf alles,
was ich verursache.

Selbstgenügsamkeit

Selbstgenügsamkeit ist in unserer Zeit ein „Fremdwort", das man nicht gerne hört oder gar missversteht. Jeder möchte heute möglichst viel für sich horten, selbst unter der Bedingung, dass er es anderen wegnimmt. Da gibt es Milliardäre, die versuchen weitere Milliarden anzuhäufen, dabei hinterziehen sie Steuern und sind nicht gewillt, auch nur eine Kleinigkeit von ihrem Überfluss denen zu geben, die bitteren Mangel leiden.

Es ist reiner Egoismus, aus dem so gehandelt wird, und dieser führt spätestens am Ende des Lebens ins Unglück. Der Egoismus lässt uns Menschen den eigentlichen Wert, das göttliche Selbst nicht erkennen. Weil dieser mit keinem Geld aufzuwiegende Wert eben unbekannt ist, versuchen wir ihn mit materiellen Gütern vor uns und anderen zu demonstrieren und zu stabilisieren.

Aber das kann nur zeitweise über die große Inflation hinwegtäuschen, die eines Tages hereinbricht. Und dann stehen wir vor dem Nichts und fühlen uns ärmer als die Allerärmsten. Diese haben nämlich durch die Not ihr unermessliches Selbst entdeckt, und das ist wertvoller als alles andere.

Christus sagte: „Die Ersten werden die Letzten sein, und die Letzten die Ersten." Mit diesem Wort sind meine Ausführungen zusammengefasst. Wer sein höheres Selbst entdeckt hat, der hat wieder heimgefunden zu seiner göttlichen Erbschaft, mit der alles möglich wird. Er mag dazu auch noch über materiellen Reichtum verfügen, aber er wird diesen immer richtig einschätzen, nie knauserig sein, sondern mit Freude geben.

Die Entdeckung des Selbst führt automatisch zu einer gewissen Selbstgenügsamkeit. Diogenes wurde in seiner Tonne von Kaiser Alexander gefragt, was er sich wünsche. Er war wunschlos glücklich und bat den Kaiser nur: „Geh mir aus der Sonne!"

Der Selbstgenügsame hat den großen Schatz in seinem Leben in sich entdeckt und erkannt, dass alles Äußere nur wertloser, vergänglicher Tand ist. Warum sollte er danach streben und sein kostbares Leben damit vergeuden? Alle großen Weisheitslehrer, die das erfahren haben, sagen uns schon immer, dass der größte Reichtum die Selbstgenügsamkeit sei. Reich ist, wer wenig braucht. Arm ist, wer durch unzählige Wünsche geplagt wird.

Wir brauchen die äußeren Reichtümer der Welt keinesfalls zu verachten und dürfen alles zeitweise als Leihgabe genießen, was uns das Leben bietet. Aber wir sollten dabei nicht die eigentlichen, unvergänglichen Werte und unseren eigenen hohen Selbstwert vergessen und vernachlässigen.

Selbstgenügsamkeit stellt den größten Reichtum dar.
Der Selbstgenügsame hat alles in sich gefunden und ist unabhängig und frei.
Er kann alle materiellen Güter genießen, ohne an ihnen zu haften.

***Ich erkenne in der Selbstgenügsamkeit
meinen eigentlichen, unvergänglichen Reichtum.**

Vom Egotrip zur Selbstverwirklichung

Viele von uns mögen sich fragen, warum uns der Schöpfer das Ego überhaupt gegeben hat, wenn es doch so schlimme Folgen verursachen kann. Manche betrachten das Ego sogar als unseren größten Feind.

Es gibt zwei Gründe für die Existenz des Ego. Einmal hat uns Gott absolute Freiheit garantiert. Er hätte dem Menschen diese Freiheit ja wieder abgeluchst, wenn dieser sich nicht ständig zwischen Gut und Böse entscheiden müsste.

Das Ego spielt aber noch eine andere entscheidende Rolle im menschlichen Leben. Es gewährt dem Heranwachsenden Schutz gegen die oft übermächtige Beeinflussung der Erwachsenen. Ein junger Baum muss auch vor Schäden durch das Wild geschützt werden, damit sein Rindenkleid nicht verletzt wird. Das Küken braucht die schützende Eihülle, ohne die es nicht überleben könnte.

Ebenso braucht der junge Mensch einen Schutz, damit seine individuelle Entwicklung nicht gestört oder gar zerstört wird. Das Ego dient ihm als Überlebensstrategie, um sich vor den Ein- und Übergriffen der Erwachsenen retten zu können. Dadurch kann er

in dieser Zeit seine einmalige Lebensform bilden und seine Ziele festlegen. Er erkennt so seinen ureigenen Weg.

Wie viele Menschen haben sich schon durch mangelnden Eigenwillen, durch ein zu schwaches Ego von ihrem Weg abbringen lassen und waren dann ihr ganzes Leben lang unglücklich. Je stärker das Ego eines Kindes ist, umso sicherer beschreitet es seinen Weg und folgt seiner Berufung. Natürlich haben es Eltern mit solchen Kindern am Anfang besonders schwer. Aber eines Tages ist die Freude umso größer, weil ihre Kinder glücklich und erfolgreich sind.

Hat sich der junge Mensch nach schwerem Ringen endlich gefunden, dann wird es langsam Zeit, das Ego wieder abzubauen. Seine Aufgabe ist erfüllt. Jetzt gilt es, das Selbst zu entdecken und zu stärken. Wenn nun weiterhin das Ego unser Leben beherrscht, dann sperren wir uns in ein Gefängnis ein. Was einst unser Leben rettete, kann es nun zerstören. Freilich haben erwachsene Egoisten zeitweilig die größten Erfolge. Dabei zerstören sie aber meist ihre Familien und ihre Gesundheit.

Das Ego ist also ein recht zweischneidiges Schwert. In der Jugend kann es unser Leben retten, im Alter aber kann es uns zerstören. Alles hat eben auch hier seine Zeit.

Wir erleben immer wieder, dass die „schlimmsten" Kinder später oft die wertvollsten Menschen werden. Sie haben in ihrer Jugend ihr Ego ausgelebt und tauschen es als Erwachsene gegen ein mitfühlendes Selbst ein. Diejenigen hingegen, die sich in ihrer Kindheit

und Jugend nicht entwickeln und durchsetzen konnten, strahlen später oft Unzufriedenheit aus, die ihre Familie und Arbeitswelt bitter zu spüren bekommt.

Aus diesen Gründen sollten Eltern und Erzieher das Ego der Kinder nicht zu sehr und nicht zu früh einschränken (manchmal ist das allerdings notwendig), sonst könnten sie es eines Tages bereuen, wenn ihren Kindern später das Durchsetzungsvermögen fehlt und sie überall kläglich scheitern.

Das Ego ist für unsere Entwicklung zeitweise notwendig. Eines Tages aber sollten wir es ablegen, um unser höheres Selbst zum Zuge kommen zu lassen.

*****Ich achte darauf, dass mein Ego mich nicht beherrscht, sondern mir dient.**

Seligkeit hinter Freud und Leid

In der Bibel lesen wir, dass auf die sieben fetten Jahre sieben magere folgen. Betrachte einmal im Überblick Dein bisheriges Leben, dann wirst Du entdecken, dass freudvolle Ereignisse immer wieder mit leidvollen abwechselten. Und glaube mir, es gibt keinen noch so erfolgreichen Menschen, dem es nicht ebenso erging. Freilich sind die Perioden dieser Abfolge verschieden. Es gibt Menschen, die fünfzig Jahre nur Glück haben und erst dann die Härte des Schicksals zu spüren bekommen. Andere wieder haben nur kurze Glückssträhnen, gefolgt von langen Durststrecken. Aber letztlich folgt auf Freude immer wieder Leid und auf Leid immer wieder Freude.

Diesem Wandel kann sich wohl niemand entziehen. Wenn Du Biografien großer Persönlichkeiten liest, dann begegnet Dir auch hier das ständige Auf und Ab. Wie können wir nun vermeiden, dass wir auf dieser Achterbahn des Lebens allzu sehr gebeutelt werden? Vielleicht hast Du einmal beobachtet, dass Du gerade in einem schlimmen Tief warst, und trotzdem fühltest Du Dich irgendwie „happy". Du spürtest eine leise Seligkeit, die Dir niemand und nichts nehmen konnte. Diese Seligkeit ist unser eigentliches Wesen. Sie ist vollkommen unabhängig von all den schönen oder schlimmen Erfahrungen, die wir machen müssen.

Wenn wir uns in Freud und Leid immer wieder an diese Seligkeit erinnern, dann können wir mit den vergänglichen Ereignissen des Lebens so umgehen, dass sie uns nicht erschüttern. Wir überbewerten weder Freud noch Leid, sondern betrachten alles als eine Erfahrung auf unserem Weg. Die Seligkeit unserer Seele bleibt davon unberührt.

Wenn es uns also im Alltag gelingt, uns weder von Glück noch Unglück überwältigen zu lassen, dann können wir immer wieder hinter und über allem diese unvergängliche Seligkeit entdecken, in die wir jederzeit eintauchen können.

Das Auf und Ab von Freud und Leid begleitet uns alle mehr oder weniger ein Leben lang.
Wenn wir die Seligkeit, die wir selbst verkörpern, entdecken, dann werden wir von diesem Spiel nicht mehr aus der Bahn geworfen.
So können wir das Vergängliche gelassen betrachten.

***   **Ich will heute die Seligkeit entdecken,**
die sich hinter Freud und Leid verbirgt.

Stimmungen

Bisweilen erleben wir Stimmungen, die uns freudig emporheben. Alles scheint uns dann zu gelingen. Die ganze Welt lacht uns entgegen, und der Himmel hängt voller Geigen. Zu anderen Zeiten aber verdüstert sich unsere Lebenslandschaft. Wir fühlen uns am Boden zerstört, und alles läuft schief. Stimmungen, die uns Auftrieb geben, sollten wir nutzen wie die Vögel den Aufwind. Die Stimmungen jedoch, die uns niederdrücken, brauchen wir nicht einfach hinzunehmen.

Wir können unsere Stimmungen wie Eisenbahnzüge betrachten, in die wir beliebig ein- und aussteigen können. Züge, die uns an das gewünschte Ziel bringen, verlassen wir natürlich nicht. Aus Zügen, in denen wir uns unwohl fühlen, steigen wir am besten so bald wie möglich aus. Wir müssen nicht bis zur Endstation, die oft Verzweiflung oder Wahnsinn heißt, sitzen bleiben. Vielmehr wählen wir einen Zug, der uns in sonnige Gemütslandschaften bringt. Immer haben wir die Wahl.

Nun gibt es manche Menschen, die bewusst oder unbewusst immer wieder das Unglück wählen. Das klingt verrückt, aber es ist so. Viele denken nur an das, was sie nicht wollen, anstatt an das, was sie

gerne hätten. Damit wählen sie im Laufe der Zeit unweigerlich das Unerwünschte. In Hiob heißt es: „Alles, was ich befürchtete, trat ein." Manche sprechen immer wieder über die traurigen Ereignisse ihres Lebens und betrachten diese wie alte Bilder immer wieder wehmütig aufs Neue. Auf diese Weise beschwören sie aber nur ähnliche Situationen herauf.

Mit unseren Gedanken, Worten und Einbildungen werden wir zum Schöpfer unseres Schicksals. Meistens aber schieben wir die Schuld dann auf unsere Mitmenschen oder gar auf Gott. Ich gewöhne mir inzwischen an, ganz schnell aus dem Zug schlechter, niederdrückender Stimmungen aus- und in einen angenehmen „Stimmungszug" einzusteigen. Plötzlich kommt dann die Sonne hinter den Wolken hervor, und die ganze Welt ist auf einmal wie verzaubert.

Auch Du kannst Deine Welt in einem Augenblick verzaubern. Es gehört nur ein wenig Übung dazu.

Wir sind unseren Stimmungen keinesfalls hilflos ausgeliefert. Stets können wir in andere „Stimmungszüge" umsteigen.

***Ich habe die Kontrolle über
meine Stimmungen.

Sünde

Das Wort Sünde wird von uns nur allzu leicht in den Mund genommen und dabei oft noch völlig falsch verstanden. Dieser Missbrauch hat schon viel Unglück verursacht. Wir hören das Wort auch immer wieder von den Priestern und lesen es häufig in der Bibel. Darin ist u. a. von der Erbsünde die Rede, die alle Menschen belaste.

Irgendwie liegt das Wort wie eine dunkle Wolkenbank über unserem Leben und verhüllt die Sonne. Mir scheint, das Wort Sünde wird bisweilen als Instrument zur Manipulation missbraucht. Bemerkenswert dabei ist, dass diejenigen, die das Wort gegen andere in den Mund nehmen, dieselben oder meist noch größere „Sünden" begehen.

Es war für mich wie eine große Befreiung, als ich die östlichen Religionen studierte und feststellte, dass dort der Mensch nicht als sündhaft, sondern als göttlich angesehen wird. Seine Seele, sein Atman, ist verbunden mit der göttlichen Seele, dem Para-Atman. Dasselbe sagte Christus: „Ich und der Vater sind eins." Und er ermahnte uns, ihm nachzufolgen: „Ihr könnt dieselben Dinge tun wie ich."

Diese beiden verschiedenen Einstellungen lösen ein völlig konträres Selbstbild aus. Die Psychologen sagen uns heute, was wir auch in vielen Biographien bestätigt finden, dass Jugendliche, die sich selbst als schlecht erachten, oft zu Versagern oder gar zu Verbrechern werden. Jugendliche mit einem positiven Selbstbewusstsein hingegen entwickeln sich meist zu rechtschaffenen und erfolgreichen Erwachsenen.

Unser Selbstbild prägt unser ganzes Leben. Lassen wir uns einreden, dass wir Sünder sind, dann wird uns das widergespiegelt. Halten wir uns hingegen für göttlich, dann wird unser Leben gemäß dieser Einstellung verlaufen.

Ich will hiermit keinesfalls leugnen, dass in uns allen auch das Böse wohnt. Aber so, wie wir durch Trägheit einen Garten voller Unkraut ernten, so können wir durch Fleiß einen beinahe unkrautfreien, wundervollen Gemüse- oder Blumengarten unser eigen nennen. Immer hängt das Ergebnis davon ab, ob wir Gutes oder Schlechtes hegen und pflegen.

Woher leitet sich eigentlich das Wort „Sünde" ab? Es kommt von „Absondern". Sünde ist ein Sich-Absondern von Gott, vom Guten, von der Liebe, vom Licht. Wenn wir Gott nur am Sonntagmorgen von zehn bis elf Uhr und an einigen Feiertagen einen Platz einräumen, dann sondern wir uns von ihm ab. Die Verbindung muss stetig sein, darf nicht abreißen. Unser Beten, unsere Meditation muss ganztags erfolgen. Wir sollten alles mit unserem Schöpfer besprechen, immer mit ihm „telefonieren", ihn stets mit einbeziehen.

Meist wird uns das erst klar, wenn wir oft genug auf die Nase gefallen sind. Es gab Jahre, in denen ich Gott ganz ausklammerte, und Du wirst vielleicht Ähnliches erlebt haben. Dann kommen Zeiten, in denen wir Gott anrufen, weil es uns schlecht geht oder weil wir etwas brauchen. In guten Zeiten vergessen wir ihn dann immer wieder. Und eines Tages, wenn wir genug gelitten haben, beten wir plötzlich „ohne Unterlass" und führen ein ununterbrochenes Zwiegespräch mit ihm.

Sind wir in einen Menschen verliebt, dann wollen wir ja auch immer bei ihm sein, wollen alles mit ihm besprechen und erleben. Wir weichen nicht von seiner Seite. Wenn wir immer bewusster werden, dann erkennen wir, dass Gott unser ewiger Geliebter ist, ohne den wir nicht mehr sein können. Wir wollen Tag und Nacht mit ihm verbringen, unsere Träume mit ihm teilen.

Gehe Deinen Weg bewusst, mache Deine Erfahrungen und ziehe Deine Schlüsse daraus. Dann wirst Du Dich und Gott finden. Und eines Tages dämmert es Dir, dass Ihr eins seid.

Das Wort Sünde wird häufig zur Manipulation verwendet. Absonderung vom Umfassenden schwächt uns, während uns Religion (Wiederverbindung) mit unserem Schöpfer und seiner Schöpfung stärkt.

***Ich lasse mich durch das Wort Sünde nicht manipulieren.**

Der *Tod* – Garderobewechsel in der Ewigkeit

Was haben wir nicht alles lernen müssen! Unnützes Wissen, das wir bei Bedarf in jedem Lexikon nachschlagen können, belastet uns mehr, als dass es uns bereichert. Was uns aber fehlt, ist Weisheit, die für uns von entscheidender Bedeutung ist.

Wer weiß schon Bescheid über das Leben, über seine ungeheuren Chancen und Gefahren? Noch weniger wissen wir über den Bruder des Lebens, über den Tod. Vollgepfropft mit Unwesentlichem fehlt uns oft der Raum für das Wesentliche. Die Folgen sind katastrophale Erscheinungen in allen Gebieten unseres Lebens.

Leben und Tod sind die beiden Flügel, die uns durch die Ewigkeit tragen. Der Tod ist kein Ende, sondern ein neuer Anfang. Stell Dir vor, dass Du am Ende Deines Lebens ein Kleid ausziehst und im nächsten Leben ein neues erhältst. Der Tod ist also lediglich ein Garderobewechsel in der Ewigkeit.

Du kannst Dir auch vorstellen, dass Du beim Tod aus Deinem Lebenszug aussteigst. Der Zug fährt weiter. Dieses Leben ist nun vergangen. Du aber stehst am Bahnhof und existierst in einer

anderen körperlosen energetischen Form weiter. Nach einiger Zeit wirst Du einen anderen Zug besteigen – ein neues Leben beginnt. Dieser Zug wird Dich Deinem Ziel wieder ein Stück näher bringen. Wir können den Tod also auch als Umsteigemöglichkeit in der Ewigkeit betrachten.

Für mich war das Zugfahren mit seinem Ein-, Um- und Aussteigen schon immer ein Gleichnis für Leben und Tod. Das Einsteigen in einen neuen Lebenszug kann zu einer großen Freude werden, ebenso aber auch das Aussteigen in die Erholungsphase des Todes. Beides bietet uns große Chancen, sind Gnadengeschenke.

Der große Komponist Johann Sebastian Bach war ein lebensbejahender Mensch. Trotzdem schrieb er in reifen Jahren eine wundervolle Kantate: „Ich freue mich auf meinen Tod." Begrüßen wir all die Gaben, die uns der Schöpfer täglich in so reichem Maße beschert. Jedes scheinbare Unglück erweist sich am Ende oft als Glück. Nutzen wir jede Gegebenheit als Gelegenheit.

Im Winter, wenn alle Bäume leblos erscheinen, können wir kaum glauben, dass im Frühjahr wieder alles zu sprießen anfängt. Und dennoch erleben wir jedes Jahr dieses Wunder immer wieder aufs Neue.

Es gibt keinen Tod in der Schöpfung, sondern nur ewige Verwandlung und unendliches Wachstum. Wir Menschen dürfen diesen Zauber miterleben, ja miterschaffen. Tod und Auferstehung bilden den Rhythmus des Lebens.

Der Tod bedeutet kein Ende.
Er ist lediglich ein Garderobewechsel in der Ewigkeit.
Wir dürfen unser altes Kleid ablegen und erhalten ein neues.

*** **Ich erkenne in Leben und Tod**
den Rhythmus ewigen Lebens.

Von der Information zur Transformation

Man nannte das 20. Jahrhundert u. a. das Informationszeitalter. Auch das 21. Jahrhundert benötigt dringend eine Fülle von Informationen. Wir können sie aus Büchern, Zeitschriften, durch Fernsehsendungen und vor allem aus dem Internet beziehen. So wichtig die diversen Informationen für uns auch sind, so dürfen wir doch ihre Bedeutung nicht überschätzen. Entscheidend für unsere Zukunft ist, dass wir den Schritt von der Information zur Transformation vollziehen.

Wir stehen im 21. Jahrhundert an einem entscheidenden Wendepunkt. Fritjof Capra hat darüber ein Buch mit dem Titel „Wendezeit" geschrieben. Wenn wir uns nicht vom Animalischen zum Göttlichen hin verwandeln (Barbara Schenkbier: „Der göttliche Mensch"), dann hat unser Planet keine Chance zu überleben.

Die Paradigmen der Vergangenheit, welche Kriege und Ausbeutung zuließen, sind für heute nicht mehr tauglich. Jedes separatistische Denken ist gefährlich. Wir müssen unsere Erde als gemeinsame Wohnung betrachten. Die Astronauten stellten fest: „Wir sitzen alle im selben Boot." Alle Menschen sind unsere Brüder und Schwestern, und als solche sollten wir sie nicht nur mit Lippenbekennt-

nissen abspeisen, sondern auch entsprechend behandeln. Bereits die amerikanische Unabhängigkeitserklärung trat für die Würde, die Gleichberechtigung aller Menschen ein.

In unserer Zeit haben sich viele hohe Seelen inkarniert, welche die Transformation vorantreiben. Es gibt immer mehr Organisationen, die mit all ihrer Kraft für dieses Ziel arbeiten. Eine der herausragendsten Organisationen ist „The Club of Budapest International", dem Clubs vieler Länder angehören. Einige seiner Ehrenmitglieder sind der Dalai Lama, der Friedensnobelpreisträger Michail Gorbatschow und Paulo Coelho, einer der meistgelesenen Schriftsteller der Gegenwart.

Der Gründer und Präsident ist der weltweit anerkannte Wissenschaftler und Schriftsteller (mehr als 70 Werke) Professor Dr. Dr. Ervin Laszlo. Ehrenpräsident war der berühmte Schauspieler Sir Peter Ustinov. Die Organisation gab im Jahre 1993 eine Erd-Charta und eine Weltethos-Erklärung heraus. In der Erdcharta heißt es u. a.: „Wir müssen anerkennen,... dass wir eine einzige Familie sind, eine globale Gemeinschaft mit einem gemeinsamen Schicksal." Hier stehen auch die lange vernachlässigten menschlichen Werte im Mittelpunkt. Es heißt: „Wir verpflichten uns auf eine Kultur der Gewaltlosigkeit, des Respekts, der Gerechtigkeit und des Friedens... Die Erde kann nicht zum Besseren verändert werden, wenn sich nicht das Bewusstsein des Einzelnen zuerst verändert."

Betrachten wir die Kriege der vergangenen Jahrhunderte, das grausame und unmenschliche Abschlachten der „Feinde", so können

wir gut die Behauptung der Evolutionsforscher verstehen, die uns sagen, dass wir immer noch zum Teil ein Dinosaurier-Gehirn besitzen, das uns unter gewissen Umständen die größten Grausamkeiten vollbringen lässt. Unsere Transformation muss uns also vom Tierischen hin zum Göttlichen führen, zu einem höheren Bewusstsein. Dann kann unser Planet endlich zum Paradies werden, wie es von unserem Schöpfer vorgesehen ist.

Jeder von uns kann täglich seinen Teil dazu beitragen. Laszlos lesenswertes Buch über den Report des „Club of Budapest International" heißt „You can change the world." Krempeln wir also die Ärmel hoch und fangen wir an!

Jeder von uns ist für die Transformation in unserer Zeit mitverantwortlich.
Im 21. Jahrhundert müssen wir lernen, uns bei aller Verschiedenheit als Einheit zu erkennen und danach zu leben.

*** **Ich will meinen Beitrag
zur Transformation leisten.**

Unabhängigkeit

Im Grunde genommen ersehnen wir alle die Freiheit. Nur wenige von uns aber gelangen dorthin, da wir uns ständig an alles binden. Aus Angst, etwas nicht alleine schaffen zu können, klammern wir uns an Menschen und Dinge. Unabhängigkeit aber ist der Preis für Freiheit.

Als Kinder sind wir von unseren Eltern und Erziehern abhängig. Meist lassen uns diese auch unsere Abhängigkeit deutlich spüren, wenn sie uns signalisieren: „Wenn…, dann…!" Ihre Zuwendung, ihre Liebe und so manches mehr wird von unserem Gehorsam abhängig gemacht. Das ist ein folgenschwerer Zug unserer Erziehung, der viele von uns auch später in die Abhängigkeit treibt. Nur wenige starke Naturen setzen sich zur Wehr und gehen ihren Weg in die Freiheit.

Die Voraussetzung für unsere Unabhängigkeit ist, dass wir uns mit den Jahren eine gewisse Selbstständigkeit erarbeiten. Wer fest in sich steht, braucht sich an nichts und niemanden anzulehnen. Wer nicht über diese Selbstsicherheit verfügt, benötigt äußere Stützen und wird somit unfrei. Das gilt für den finanziellen Bereich ebenso wie für unsere Beziehungen.

Es lohnt sich also immer, sich eine gewisse Selbstständigkeit zu erarbeiten, um nicht in die Abhängigkeitsfalle zu geraten. Unsere Beziehungen gedeihen nur optimal, wenn die Partner auch alleine leben könnten.

Niemand von uns ist natürlich ganz unabhängig. Wir alle leben in einem Beziehungsgeflecht und sind in vielfacher Weise miteinander verbunden und aufeinander angewiesen. Denken wir nur einmal an all die Menschen und Dinge, deren Dienstleistungen und Produkte wir täglich benötigen. Es geht vor allem darum, dass wir in bestimmten Bereichen unsere Unabhängigkeit und damit unsere Freiheit bewahren, denn davon hängt auch weitgehend unser Glück und das Glück unserer Familie ab.

Es gibt Menschen, die sich buchstäblich versklaven lassen und alle Freiheit abgegeben haben, weil sie es allen recht machen wollen. Sie ernten schließlich nur Missachtung und Spott. Doch jeder kann durch eigene Arbeit allmählich seine Unabhängigkeit erringen.

Die Abhängigkeit ist eine Falle, die uns die Freiheit raubt. Um unabhängig zu werden, müssen wir uns eine gewisse Selbstständigkeit erarbeiten.

*****Ich werde täglich daran arbeiten, immer selbstständiger zu werden.**

Wissen und *Weisheit*

Wir leben in einer Zeit, in der das Wissen maßlos überschätzt wird, während man die Weisheit grob vernachlässigt. Unsere gesamte Erziehung zielt darauf ab, uns mit Wissensballast voll zu stopfen. Auf diese Weise blähen wir uns auf und strapazieren unseren geistigen Verdauungsapparat. Welchen Sinn hat es, unzählige Fakten in uns zu speichern, wo doch alles bei Bedarf irgendwo abrufbar ist? Am Ende wissen wir dann die Länge der größten Flüsse, die Einwohnerzahl vieler Städte, aber wir kennen weder unseren Körper noch Geist und Seele.

Das Besondere der menschlichen Intelligenz liegt nicht in der Speicherkapazität. Das können Computer viel besser. Es liegt vielmehr im Entdecken neuer, bahnbrechender Ideen. Diese Fähigkeit aber wird durch sinnlose Bildungsanstrengungen blockiert. Wir verlieren so den gesunden Menschenverstand, und unsere Fantasie erlischt. Für diesen Verlust attestiert man uns schließlich Reife und Bildung. In Wirklichkeit aber sind wir verbildet.

Natürlich ist heute ein bestimmtes Wissen notwendig. Es liefert uns die Bausteine, welche dann die Weisheit zu unserem Lebensgebäude zusammenfügt. Aber ohne Weisheit scheitern wir trotz

größten Wissens. Es ist unser Ego, das nach immer mehr Wissen strebt und sich dann gewaltig aufbläht. Was habe ich doch für „aufgeblasene" Professoren kennen gelernt, deren aufpoliertes Image bei genauem Hinsehen wie eine Seifenblase „platzte"!

Unser Selbst schätzt wesentliches Wissen, strebt aber hauptsächlich nach Weisheit. Es versucht, beides harmonisch zu verbinden. Weisheit geht stets mit Taktgefühl und Liebe einher, während dem Wissen meist Takt und Liebe fehlen. Weisheit verletzt nie, Wissen führt oft das Schwert mit sich. Ein Mensch, für den nur das Wissen gilt, gleicht einem Vogel ohne Flügel. Er kann sich nur auf niederen Bewusstseinsebenen bewegen und bleibt ein geistiger „Bodenbewohner". Allein die Weisheit lässt uns in höhere Gefilde aufsteigen und von dort aus alles überschauen.

Manchmal allerdings treffen wir auch Menschen, die über ein ungewöhnlich großes Wissen verfügen, das sie nicht aufgebläht, sondern vielmehr demütig gemacht hat. Diese Menschen bekennen, dass sie nichts wissen. Das ist höchste Weisheit.

Wissen, das nicht mit Weisheit einhergeht, verführt uns leicht zum Egoismus.
Verbinden wir Wissen und Weisheit, ist unser Leben gesegnet.

***Ich werde Wissen und Weisheit vereinen,
da das Glück meines Lebens davon abhängt.**

Der Wind

Vielen von uns macht es Spaß, am Meeresstrand gegen den Wind zu laufen und sich gegen den Widerstand durchzusetzen. Vögel und Segler verstehen es vortrefflich, jeden Wind für ihre Ziele zu nutzen. Auch wir können lernen, ihn als Freund anstatt als Gegner zu betrachten. Unsere Einstellung ist entscheidend.

Der Wind lehrt uns noch so manches andere. Betrachte einmal, wie er Dinge aufgreift, hoch trägt, im Tanze wiegt und dann wieder fallen lässt. Er hält nichts fest, er klammert sich an nichts. Er spielt mit allem und lässt es wieder los. Wie sehr hingegen klammern wir uns an Menschen und Dinge. Müssen wir Abschied nehmen, so sind wir verzweifelt, werden krank oder gar lebensüberdrüssig. Lasst uns vom Wind lernen, alles mit Leichtigkeit aufzunehmen und wieder loszulassen!

Wie der Wind sind wir ständig auf der Wanderschaft. Doch nirgends können wir verweilen; es geht immer weiter. Wie „versessen" sind wir Menschen oft auf unsere Standpunkte, die wir partout nicht aufgeben wollen. Kleine und große Kriege sind die Folge.

Der Wind lehrt uns, alle Standpunkte aufzugeben. Er zeigt uns das Leben als Tanz, dessen Choreografie wir immer wieder neu komponieren können. In diesem Tanz erklingen schließlich alle Standpunkte als einzelne Noten in der Melodie unseres Lebens.

Wir klammern uns gerne an Menschen und Dinge.
Müssen wir Geliebtes loslassen, sind wir verzweifelt.
Der Wind lehrt uns, alles wieder loszulassen.

***Ich lerne vom Wind,
dass das Leben ein Tanz ist.

Affirmationen

- Ich beginne heute mit meinem eigenen Energieprogramm.
- Ich werde bei Entscheidungen meine Seele zu Rate ziehen.
- Ich pflege meine Füße, um mein Leben „bestehen" zu können.
- Ich mache meine eigenen Erfahrungen mit Gebetsstellungen.
- Ich übe heute ganz bewusst das Umschalten.
- Ich entfalte mich durch rechten Umgang mit meiner Stimme.
- Heute setze ich meine Sinne als Energiequellen ein.
- Entschlossen ziehe ich meine „kranken Zähne".
- Ich handle heute besonnen.
- Ich werde meine Kraft einsetzen, um Lösungen zu finden.
- Ich wähle heute meine Sinneseindrücke sorgfältig aus.
- Ein Wechsel der Tätigkeiten bringt mir neue Energie.
- Ich betrachte heute alles mit wachem Anfängergeist.
- Ich bemühe mich heute um Ausgeglichenheit.
- Ich weiß, dass der Geist die Ursache der Materie ist.
- Ich genieße die Fülle der Leere.
- Ich steuere meine Gedanken mit bewusster Sorgfalt.

- Ich scheue mich nicht, Grenzen zu setzen und Nein zu sagen.
- Heute besinne ich mich auf mein gesundes Selbstbewusstsein.
- Ich setze heute allem Belastenden etwas Emporhebendes entgegen.
- Ich handle heute mit der „Macht der Liebe".
- Ich denke und handle aus meiner wahren Natur heraus.
- Ich lebe aus meiner Mitte heraus und vermeide Extreme.
- Sobald mich die Lust zum Nörgeln überkommt, verwende ich diese Energie zur Selbstkritik.
- Ich öffne mich heute Neuem und Wertvollem.
- Ich gebe in meinem Alltag nur Gutem und Schönem Raum.
- Ich verbinde Sexualität mit Liebe.
- Ich bemühe mich stets, die Wirklichkeit ohne persönliche Verfärbungen zu erkennen.
- Ich gehe heute spielerisch an meine Aufgaben heran.
- Ich prüfe stets sorgfältig, was ich in mich hineinlasse.
- Ich werde nicht „sitzen bleiben", sondern rechtzeitig aus- und umsteigen.
- Urlaub ist für mich nicht unbedingt ein Ort, sondern auch ein Zustand.
- Ich werde sorgfältig darauf achten, welche Worte ich wähle.
- Ich will täglich an mich glauben.
- Ich richte mich täglich zwischen Himmel und Erde auf.
- Je mehr ich loslassen kann, umso höher kann ich aufsteigen.

- ❧ Ich werde in Gegensätzen Ergänzungen sehen.
- ❧ Ich genieße meine Freiheit und lasse mich durch nichts und niemanden gefangen nehmen.
- ❧ Mit Gott als bestem Freund kann ich Enttäuschungen überwinden.
- ❧ Heute achte ich darauf, ein Gefäß für das Gute zu sein.
- ❧ Ich werde immer mehr auf die innere Stimme hören, durch die Gott zu mir spricht.
- ❧ Ich plane mein Leben im Einklang mit den Jahreszeiten.
- ❧ Ich genieße mein Leben und freue mich dann auf den Tod.
- ❧ Mit Humor, Liebe und Loslösung verleihe ich meinem Leben einen besonderen Glanz.
- ❧ Ich werde mich in der Liebe üben, um mich von der Angst zu befreien.
- ❧ Ich handle in dem festen Glauben, dass alles möglich ist.
- ❧ Ich werde heute selbstzerstörerische Verhaltensweisen ablegen.
- ❧ Durch den Glauben verbinde ich mich mit Gott.
- ❧ Ich konzentriere mich stets auf meine Aufgabe.
- ❧ Ich achte heute auf alles, was ich verursache.
- ❧ Ich erkenne in der Selbstgenügsamkeit meinen eigentlichen, unvergänglichen Reichtum.
- ❧ Ich achte darauf, dass mein Ego mich nicht beherrscht, sondern mir dient.
- ❧ Ich will heute die Seligkeit entdecken, die sich hinter Freud und Leid verbirgt.
- ❧ Ich habe die Kontrolle über meine Stimmungen.
- ❧ Ich lasse mich durch das Wort Sünde nicht manipulieren.

- Ich erkenne in Leben und Tod den Rhythmus ewigen Lebens.
- Ich will meinen Beitrag zur Transformation leisten.
- Ich werde täglich daran arbeiten, immer selbstständiger zu werden.
- Ich werde Wissen und Weisheit vereinen, da das Glück meines Lebens davon abhängt.
- Ich lerne vom Wind, dass das Leben ein Tanz ist.

Register

Seminare - Kontaktadresse

Seminare mit Peter und Konstanze Keller:

Die Workshops sind geeignet, das ganze menschliche Potenzial zu entfalten. Sie sind ein Abenteuer, das Körper, Geist und Seele einschließt und harmonisch miteinander verbindet. Die Stimme spielt dabei eine gewisse Rolle, da sie für alle Bereiche Diagnose und Therapie bietet.

Bei den Teilnehmern aller Alters- und Berufsgruppen zeigte sich immer wieder eine umfassende Persönlichkeitsentfaltung.

Seminarthemen sind u. a.

- Aktivierung der Lebensenergie
- Beseitigung von Energieblockaden
- Selbsterfahrung – Selbstheilung
- Die Stimme als Energiequelle

Kontaktadresse

Institut für Persönlichkeitsentfaltung
Energietraining – Stimmbildung
Peter K. Keller
Postfach 209 • Michel-Marti-Str. 17
D-88427 Bad Schussenried
Tel. 07583 / 4413 • Fax 07583 / 4311
e-mail: pk.keller@t-online.de
www.peterklauskeller.de

Weitere Bücher aus dem Verlag Via Nova:

Das kleine Buch der Lebenskunst
Lebensweisheit, die wir in der Schule nicht lernten
Peter K. Keller

Geschenkbuch, Hardcover, 192 Seiten, ISBN 978-3-86616-096-5

„Alles hat man herausgefunden, nur nicht, wie man lebt", schrieb Jean Paul Sartre.Auch unsere Erziehung hat uns meist nicht beibringen können, welche Energien in uns stecken, wie wir diese entdecken, entfalten und zum eigenen Wohl und für unsere Mitwelt wirkungsvoll und heilsam einsetzen. Das Buch von P.K.Keller regt an, über das eigene Leben nachzudenken, und zeigt in kurzen Reflexionen und Geschichten anschaulich und humorvoll Lebens und Überlebensstrategien auf. Die einzelnen Denkanstöße, die auch selektiv gelesen werden können, sind Ergebnisse reicher Erfahrung und können dem Leser helfen, seine Probleme besser zu verstehen und zu bewältigen. Zusammenfassungen und Affirmationen prägen sich ein und ermutigen, die Erkenntnisse im Alltag umzusetzen. Dieses Buch der Lebenskunst ist ein Schlüssel zur Erfüllung der eigenen Wünsche, zur sinnvollen und erfolgreichen Lebensgestaltung.

Heilung durch unbegrenzte Energien
Ein Selbsthilfeprogramm für jedermann
Audio-CD mit Heil-Gesang des Autors
Peter K. Keller

Hardcover, 176 Seiten, 3 Grafiken, ISBN 978-3-86616-033-0

Dieses neue, einzigartige Selbsthilfeprogramm gibt einen Schlüssel in die Hand, das gesamte menschliche Potenzial zu erschließen. Es zeigt auf anschauliche Weise, wie sich jeder an ein unendliches Energie-Reservoir anschließen und stets daraus schöpfen kann. Dabei erhält der Leser wertvolle Anregungen, um ein positives Selbstbild aufzubauen, das geeignet ist, das Leben erfolgreich zu gestalten. Wichtige Erkenntnisse der modernen Wissenschaft, der Kunst und Religion über das Thema des Buches werden zusammengefasst. Der Verfasser wendet sie in seinem Buch an und bezieht die verschiedenen Wahrnehmungskanäle des Menschen mit ein. Er benutzt unter anderem hierfür ein Energiebild, in dessen Heilwirkung der Leser sofort einsteigen kann. Außerdem hat der Autor eingängige Lieder komponiert, die uns wie gute Freunde begleiten. Sie helfen uns, loszulassen und neu anzufangen, vermitteln uns eine positive Lebens-Einstellung und befreien uns von alten, krank machenden Konditionierungen. Der Autor selbst war so krank, dass er von den Ärzten aufgegeben wurde. Er heilte sich aus eigener Kraft und gibt in diesem Buch seine Erkenntnisse und Erfahrungen weiter. Yehudi Menuhin über den Heil-Gesang des Autors: „Ich war sehr berührt."

Liebe dich selbst, sonst liebt dich keiner

Ein neues Selbstwertgefühl für Frauen
Irene Goldmann

Hardcover, 168 Seiten, ISBN: 978-3-86616-125-2

Warum fällt es Frauen heute trotz besserer Möglichkeiten so schwer, ihr Leben glücklich zu gestalten? Dieser Frage geht die Autorin nach und kommt auf überraschende Antworten: Die Vorstellung von der Liebe als einer Art „Schlaraffenland" ist es, die verhindert, in der Partnerschaft das ersehnte Glück zu finden. Viele Frauen haben nicht genügend gelernt, sich um sich selbst zu kümmern, sich selbst zu lieben. Warum aber mangelt es Frauen an dieser Fähigkeit, die doch die Grundlage für persönliches Glück ist? Auf der Basis jüngster wissenschaftlicher Forschung erklärt die Autorin nicht nur, wie dieser Mangel entsteht. Sie macht auch deutlich, dass es möglich ist, Selbstliebe zu lernen, und begleitet Frauen auf diesem Weg. Sie zeigt ihnen, wie sie ihre Bedürfnisse optimal befriedigen, ihr Leben glücklich und sinnerfüllend gestalten und zu seiner einzigartigen Bedeutung vordringen können, um dann wirklich fähig für wahre Liebe und Partnerschaft zu werden.

Mach deine Träume wahr

Verwirkliche deine Ziele und Visionen durch die Macht deiner Gedanken, deiner Gefühle und deines Verhaltens
Roeland Suylen

Hardcover, 160 Seiten, ISBN: 978-3-86616-127-6

In diesem Buch beschreibt Roeland Suylen die 3G-Methode, abgeleitet von den drei holländischen Worten gedachten, gevoelens und gedragingen, die man als Gedanken, Gefühle und Verhalten (oder Handeln) übersetzen könnte. Der Autor ist nach jahrelangen Forschungen zu dem Ergebnis gelangt: Immer wenn Ihre Gedanken, Ihre Gefühle und Ihr Verhalten aufeinander und auf Ihr Ziel eingestimmt sind, können Sie alles erreichen, was Sie wollen. Dieses wunderbare Buch zeigt Ihnen, wie es geht. Es zu lesen und zu studieren bringt Sie dem Menschen, der Sie wirklich sein wollen, deshalb einen großen Schritt näher. Bücher und Filme über positives Denken – wie etwa The Secret – deuten darauf hin, dass Gefühle größtenteils durch Gedanken hervorgerufen werden. Der 3G-Methode zufolge ist es auch möglich, dass ein Gedanke durch ein Gefühl hervorgerufen wird. Darüber hinaus spielt auch unser Verhalten eine sehr wichtige Rolle. Diese Grundprinzipien stimmen vollkommen mit den Erkenntnissen der Quantenmechanik, der Psychoneuroimmunologie und anderer Wissenschaften überein.

Brücken zwischen Himmel und Erde
Meditationen, Gedichte, Geschichten, Fotos, Bilder
Aufgeschrieben und gestaltet von Chuck, Lency, Christopher, J'aime Spezzano

Hardcover, vierfarbig, 192 Seiten, über 100 Fotos und Bilder, ISBN 978-3-86616-128-3

Brücken zwischen Himmel und Erde ist ein Buch, das von einer Familie geschaffen wurde. Es enthält Photos des Sohnes (der auch für das Layout verantwortlich ist), Gemälde der Tochter, inspirierende Kurzgeschichten der Mutter und poetische Texte des Vaters, die das Herz öffnen. Die Photos zeigen die Schönheit und die Vielfalt der Erde, und die Gemälde berühren und öffnen für die Schönheit der Kunst. Worte können Arznei sein, das perfekte Gegenmittel gegen das, was uns quält. In einer Welt, die allzu oft den Mut verloren hat, soll dieses Buch dem Leser helfen, ihn wiederzugewinnen. Man kann einen anderen Menschen nur inspirieren, indem man sein Herz öffnet und das, was einen selbst inspiriert, mit ihm teilt. Genau das hat die Familie Spezzano getan.

Weisheit auf Samtpfoten
Die Botschaft der Katzen
Sabina Pilguj

Geschenkbuch, Hardcover, 112 Seiten, ISBN 978-3-86616-131-3

Katzen wurden bereits im alten Ägypten vergöttert. Sie strahlen etwas Geheimnisvolles, ja sogar Magisches aus. Sie schlafen bis zu zwanzig Stunden am Tag, aber die restliche Zeit sind sie ganz und gar da, leben im Hier und Jetzt. Wenn sie schnurren, versetzen sie den Menschen in eine zärtliche Schwingung der Zuneigung und der Liebe. Sie verkörpern nicht nur Anmut und Schönheit, sondern auch eine besondere Art zu leben. Genau von dieser besonderen Lebensart können Menschen sehr viel lernen. Die Autorin geht in ihrem Büchlein der Faszination nach, die von einer Katze ausgeht, und überträgt ihr Verhalten auf die Menschen.Am Ende einer jeden Beschreibung der Verhaltensweisen von Katzen, wie z.B.Vertrauen, Entschlossenheit, Entspannung, Lebensfreude, bedingungslose Liebe, Hingabe, formuliert die Verfasserin dann daraus sich ergebende, für den Menschen konkret anwendbare Lebensweisheiten.

Liebe als Erfüllung aller Wünsche
Eine praktische Liebestherapie
Jürg Theiler

Paperback, 256 Seiten, ISBN 978-3-86616-110-8

Die Menschen sehnen sich nach Liebe, einer dauerhaften Liebesbeziehung, und setzen oft ihre ganze Energie ein, sie zu verwirklichen, weil sie dadurch Glück und Erfüllung erwarten.Warum gelingen aber solche Beziehungen häufig nicht oder zerbrechen wieder nach kurzer Zeit? Der Tiefenpsychologe Jürg Theiler ergründet in diesem Buch die psychischen Ursachen für Gelingen und Misslingen von Liebesbeziehungen, auch an Beispielen. Er erklärt, wie die in der Evolution des Lebens entwickelten Gehirnteile in der Psyche des Menschen unterschiedliche Bedürfnisse und Wünsche erzeugen, die einander oft widerstreiten, sich aber auch gegenseitig ergänzen und zusammen der Erhaltung und Weiterentwicklung des Lebens dienen und nur durch die Liebe in Einklang gebracht werden können. Durch eine bestimmte Fragetechnik und 36 „Ein-Sichten" kann der Leser seine psychische Ausgangslage und den Weg erkennen, wie er mit seinem Partner, seiner Partnerin seine Wünsche nach Liebe erfüllen kann.

Zen oder wie ein Samurai Golf spielen
Ulrich Nitzschke

Geschenkbuch, Hardcover, 120 Seiten, ISBN 978-3-86616-092-7

Worin liegt das Erfolgsgeheimnis der Golf-Legende Tiger Woods? Was haben Golf, Meditation und die traditionellen Kampfkünste Asiens gemeinsam? Wie lernt man mit den mentalen Fähigkeiten, die Golf vermitteln kann, die Herausforderungen des Alltags zu meistern? Auf der Grundlage langjähriger eigener Erfahrungen mit Zen, der humanistischen Psychologie, verschiedenen modernen Sportarten und traditionellen spirituellen Übungswegen beschreibt der Autor kenntnisreich und einfühlsam die überragende Rolle, die das

Bewusstsein im Golfsport spielt, und entwickelt daraus wirksame Trainingsmethoden und hilfreiche Visionen für die spielerische Praxis. Das Buch zeigt auf, wie Golf für den gestressten westlichen Menschen zu einem Übungsweg persönlichen und spirituellen Wachstums werden kann, wie er sich im Osten unter dem Einfluss des Zen aus den Kampfkünsten der Samurai herausgebildet hat.